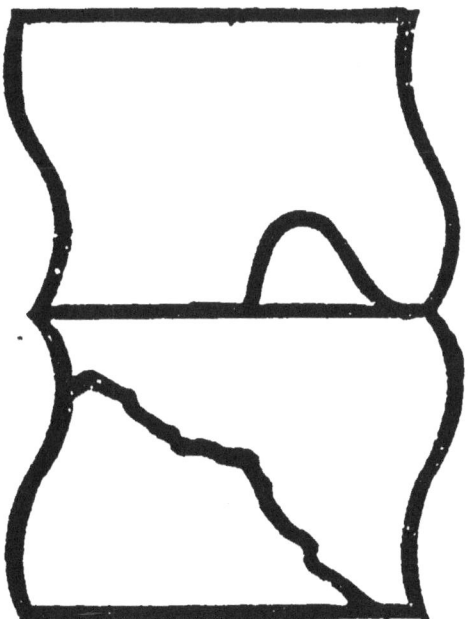

Documents manquants (pages, cahiers...)

Texte détérioré — reliure défectueuse

NF Z 43-120-11

# ...EU ET LA RÉPUBLIQUE

## AVANT-PROJET

## D'UN MANUEL DE MORALE & DE POLITIQUE

A FAIRE SUR

DIEU, L'AME ET LES RELIGIONS,

L'HOMME, LA FAMILLE, LA PATRIE ET LE CITOYEN,

LE SUFFRAGE UNIVERSEL ET LE RÉGIME RÉPUBLICAIN,

L'ÉTAT ET LA LOI.

Par M. **PERNOLET**, ancien député de la Seine

Dieu est le Créateur et le Conservateur de l'Univers. Il est l'idéal de toute perfection.

L'homme est le représentant de Dieu sur la terre; il a pour mission et pour devoir d'y compléter l'œuvre providentielle du progrès, par son travail et sa sagesse.

La République est faite pour assurer le concours de tous à la prospérité et à l'honneur de la Patrie.

P.

PARIS

IMPRIMERIE BREVETÉE CHARLES BLOT

RUE BLEUE, 7.

1883

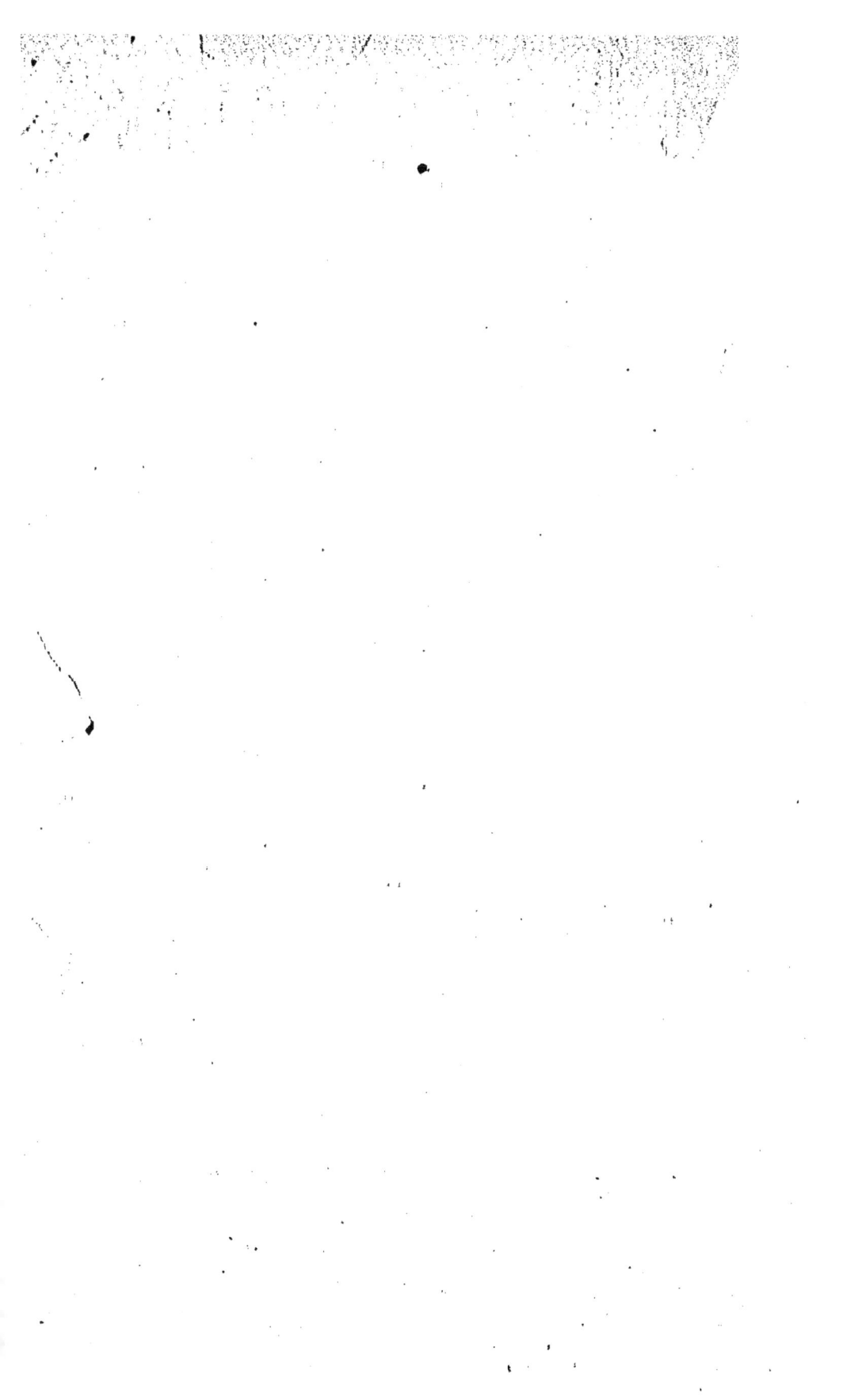

Aux amis de la Patrie Française
et du sens commun,

leur dévoué serviteur,

Pernolet,

Ancien élève de l'Ecole Polytechnique.

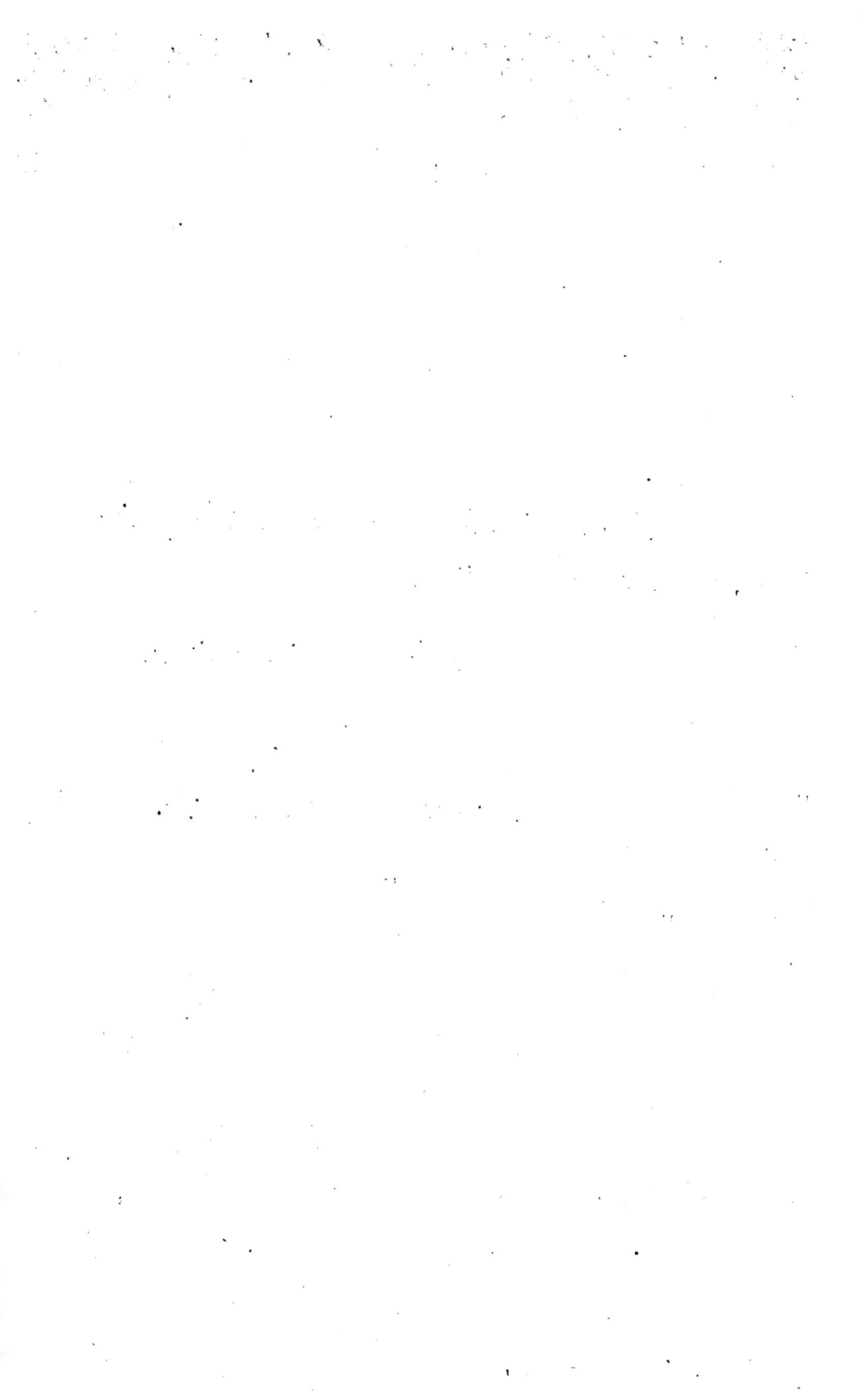

# PRÉFACE

Les trois articles de foi religieuse et politique inscrits au frontispice du présent opuscule indiquent dans quel esprit devrait être fait, selon moi, le Manuel que je voudrais voir entrepris et répandu par quelque haute personnalité républicaine, aimée et considérée des honnêtes gens de tous les partis.

Il s'agirait de déduire, d'une saine et ferme croyance en Dieu, non seulement les éléments de l'enseignement moral et civique qu'on prétend constituer sans lui, à l'intention des enfants de six à treize ans, mais la série entière des devoirs de l'homme fait, de la femme, de la famille, du citoyen, du patriote, de la nation et du gouvernement, le tout en ayant pour objectif le relèvement de la France dans l'opinion du monde, au moyen du régime républicain.

Cet ordre d'idée, qui me semble nouveau (1), est fondé sur l'opinion que l'homme a été créé pour être le représentant de Dieu sur la terre et, qu'à ce titre, il a pour mission et pour devoir de consacrer son intelligence, son activité et son travail à l'œuvre providentielle du progrès en toute choses, en vue d'un idéal de perfection qui ne peut exister qu'en Dieu lui-même.

Ma manière de voir est tellement en dehors des dispositions actuelles des différents groupes qui composent la majorité de notre Chambre des députés, que j'ai cru nécessaire d'y préparer le lecteur par un Avant-Propos, dont la longueur est un défaut que je suis le premier à reconnaître. Seulement je prie ceux qui voudraient bien admettre l'importance du but visé, de pardonner ce dé-

---

(1) L'idée que l'homme devrait se considérer comme le représentant de Dieu sur la terre est ancienne chez moi ; je l'ai communiquée à plusieurs personnes, même par écrit, notamment à M. de Pressensé, à la veille d'une conférence faite par lui sur Dieu, à l'époque de l'Exposition universelle de 1878.

faut à un simple citoyen de bonne volonté, dont le métier n'est pas d'écrire.

Cet Avant-Propos est, d'ailleurs, une partie essentielle de mon projet de Manuel politique : il a pour premier objet de réclamer, en la justifiant, l'introduction — dans l'enseignement laïque des écoles primaires de l'État — de la notion d'une haute idée de Dieu, qui est le fondement du système proposé.

On conviendra que ce serait déjà une grosse affaire que d'obtenir gain de cause sur ce premier point.

Ce n'est pourtant qu'après l'avoir obtenu, non pas seulement de l'opinion libérale, mais du Parlement, qu'il y aurait lieu de s'occuper de l'application du système complet.

Combien serais-je plus hardi alors pour recommander aux familles, à l'Université et à l'Etat, comme une sorte de *Credo* républicain, l'ensemble des trois principes que j'ai adoptés pour épigraphe du Manuel de morale et de politique à faire sur toutes ces choses capitales qu'annonce le titre de l'opuscule !

Si je ne m'abuse, en inculquant à la jeunesse française de tout âge, une foi raisonnée en ces principes — qui ne portent pas la moindre atteinte aux différentes croyances du pays — on imprimerait aux esprits des générations futures une direction plus claire qu'on ne l'a fait jusqu'à présent, mieux déterminée, en même temps que mieux justifiée, vers le but de l'humanité, qui, à mon sens, doit être la réalisation progressive de toutes les améliorations matérielles et morales à la fois désirables et possibles.

Du *Manuel à faire* je ne donnerai qu'une esquisse, confuse, dont les traits auraient besoin d'être arrêtés par une main plus habile. Si je n'ai pas même essayé de donner à ce Manuel une forme définitive, c'est que je comprends que, pour produire quelque effet utile dans le sens que je viens d'indiquer, un Manuel écrit à l'intention de tout le monde, et dans un esprit aussi peu du goût du jour, devrait avoir quelque chose de magistral : il faudrait

qu'il fût capable d'attirer et de retenir amis et ennemis, ce qui n'est possible qu'au moyen d'un nom et
d'un talent que je n'ai pas.

Va donc, à la garde de Dieu, brochure téméraire,
dernier effort d'un vieux zélateur de la théorie républicaine du gouvernement de tous, par tous, au profit
de tous, qui a tant de peine à passer dans la pratique !
Penseur idéaliste, jamais je n'ai voulu voir dans la République qu'un régime de respectabilité, de liberté et
de justice égales pour tous ; tous travaillant, chacun
dans la mesure de ses facultés et de ses moyens, à se
rendre dignes de faire partie de ce qu'à juste titre, ce
semble, on pourrait alors appeler le royaume de Dieu,
dont l'Evangile parle si souvent sans le définir.

Au vingtième siècle qui approche, la République vivra
encore, je n'en doute pas ; mais elle ne devrait plus
être, à mon sens, ni athénienne, ni lacédémonienne, ni
romaine, ni helvétique, ni américaine, encore moins
jacobine. Elle sera, j'espère, purement française, sans
que la France ait cessé d'être chrétienne.

Ayant commencé, il y a plus de cinquante ans, à
prendre rang dans le parti républicain, par une manifestation inconsidérée contre un roi meilleur que bien
d'autres, j'ai tâché, depuis, de servir plus sérieusement
la cause que j'avais adoptée au sortir du collège, en
ne demandant jamais (1) à cette cause, pour prix de mon
inaltérable dévouement, que de ne pas me laisser mou-

---

(1) A différentes époques, on m'a fait l'honneur de me nommer d'office,
à bien dire, conseiller général du Finistère, maire d'un arrondissement
de Paris et député de la Seine élu par 130,000 suffrages ; toujours, j'ai
pris soin de n'accepter ces charges qu'en réservant formellement l'in-
dépendance et de mes votes et de mes actes, n'admettant pas que les
fonctions représentatives puissent être autre chose que des services
patriotiques rendus par des hommes mûrs, ayant mérité la confiance
de leurs concitoyens par des actes de toute leur vie, plus que par des paroles
d'un jour. Je pensais, et je pense encore qu'il serait à désirer qu'on dé-
cernât ces fonctions, de préférence, aux parvenus du travail, à titre de
récompense honorifique, de manière que le pays profitât de leur expérience sans détourner du travail les hommes capables encore de produire,
et sans charger inutilement les budgets, soit des communes, soit de l'État.

rir sans avoir vu la France relevée par une République digne d'être aimée de tous au dedans et respectée de tous au dehors.

Cette grande satisfaction, je la demande toujours sans la voir venir.

S'il ne m'est pas donné d'en jouir personnellement, j'ai confiance qu'elle ne manquera pas à mes enfants.

Quoi qu'il arrive, œuvre de paix, vas au milieu de partis qui ne rêvent que guerre, va hardiment, et que Dieu te prête vie, pour peu que tu sois capable de contribuer au relèvement de la France, par la consolidation de la République.

PERNOLET

La Tour, Paris.
Août 1882, Janvier 1883.

## PREMIÈRE PARTIE

# AVANT-PROPOS DU MANUEL A FAIRE

## I

### État de la question

Vieux républicain de l'espèce—pas assez commune, à mon gré — qui, également ennemie du désordre et du despotisme, considère l'État comme fait pour assurer à tous une liberté, non pas illimitée, mais réelle et égale, avec une justice égale aussi pour tous;

Libre-penseur, mais nullement athée, et pas du tout de ces purs qui affichent du mépris pour tous ceux qui pratiquent ou respectent les cultes religieux du pays;

Si j'avais talent, autorité ou quelque autre titre à l'attention de mes concitoyens, je croirais ne pouvoir pas faire, de ces dons précieux, un meilleur emploi, qu'en mettant l'obstination patriotique de Caton l'Ancien à réagir contre deux tendances de notre temps, que je juge incompatibles avec la consolidation de la République et le relèvement de la France.

D'un côté, la plupart des journalistes et des orateurs qui exercent de l'influence sur les différentes parties de l'opinion républicaine, s'imaginent que ce qu'ils appellent la science (qu'ils feraient mieux d'appeler de son vrai nom : le positivisme le plus étroit et le plus borné) est tout, qu'elle peut tout et qu'elle doit suffire à tous, même aux enfants de six à treize ans des moindres villages, abstraction faite de toute idée et de toute pratique religieuse.

D'un autre côté, une trop grande partie de nos hommes d'église — et pas toujours les moins recommandables par leurs lumières et leurs vertus — se croient obligés, par état, de partager et de servir, par tous les moyens dont le clergé catholique dispose, les passions politiques des adversaires du régime républicain. L'hostilité de cette partie notable du pays s'ajoutant aux manifestations haineuses de la presse et de la tribune républicaines, il arrive que la partie la plus aventureuse ou la plus moutonnière du suffrage universel se désintéresse de plus en plus, non seulement des cultes traditionnels de la France, mais du sentiment religieux en général, et, par suite, de l'idée même de Dieu.

Ce que j'appelle la partie la plus aventureuse ou la plus moutonnière du suffrage universel est celle qui suit aveuglément des meneurs pas toujours sages et rarement expérimentés ; elle représente tout au plus le dixième de la population totale de notre pays et pas le tiers du corps électoral : mais cette minorité peut tout, parce que l'organisation actuelle de l'exercice du suffrage universel est tellement vicieuse, que, pour une raison ou pour une autre, la partie paisible ou expérimentée reste à l'écart du scrutin ; de sorte que les représentants de trois millions d'électeurs actifs ont une prépondérance presque assurée dans les décisions du Parlement, qui obligent une population de plus de trente-sept millions.

Dans cette situation, les politiciens qui suscitent ou propagent l'oubli ou le dédain de tout sentiment religieux, font, à mon sens, un abus coupable de l'ignorance et de la crédulité de ceux dont ils veulent capter les suffrages ; car ils ne devraient pas ignorer, eux, que si, pour ce qui concerne Dieu, les sciences proprement dites ne permettent pas de prouver son existence à ceux qui ne sentent pas sa présence partout, elles sont bien plus impuissantes encore à prouver qu'il n'existe pas.

Pauvres sciences humaines, elle ne nous apprennent rien sur tant de choses qu'on voudrait connaître ! Par exemple, même pour cette partie de l'espace interstellaire qui est accessible à nos regards, la science est impuissante à expliquer comment la lumière, la chaleur, la force — choses immatérielles — peuvent s'y transmettre, sans intermédiaire matériel, à travers ce qu'on a appelé l'*éther*, qui, invisible, impondérable, incompréhensible, existe partout, non seulement dans l'espace, mais même dans l'intérieur des corps les plus denses !

Il semblerait donc sage de commencer par expliquer ce que l'on tient sous sa main, avant de nier Dieu et de condamner les sentiments religieux, qui sont d'un ordre infiniment supérieur à la matière et à l'espace.

Aux deux groupes d'adversaires que j'ai visés plus haut, je reproche plus qu'une manière de voir inconsidérée, fausse et incapable de leur procurer les avantages qu'ils en attendent, je les accuse de diviser le pays et d'y préparer une guerre intestine, dont la partie la plus nombreuse de la population serait victime, sans l'avoir provoquée.

Il importe de ne pas laisser s'aggraver un pareil état de choses, car la paix publique, la sécurité, la liberté de tous, en même temps que la considération de notre régime politique dans le monde, se trouvent en jeu dans la question dont il s'agit.

L'honneur, peut-être même l'existence de la France, dépendent en effet, selon moi, de la séparation ou du rapprochement des deux frères ennemis sur lesquels je voudrais appeler l'attention.

J'ai la conviction que les serviteurs de l'Évangile et les partisans des principes républicains sont mieux faits qu'ils ne le pensent pour s'entendre au profit de la patrie commune, et tout particulièrement au profit de la partie la plus nombreuse et la moins éclairée de la population. Les uns et les autres ont, à n'en pas douter, l'intention de la servir le plus utilement possible ; mais, en se faisant la guerre, ils agissent comme s'ils ne se disputaient l'influence et le pouvoir qu'en vue de faire prévaloir en France, *per fas et nefas*, des passions, quelquefois même des préjugés de sectaires, et jusqu'à des intérêts personnels. Ils devraient se faire un point d'honneur de ne pas donner prise à un pareil soupçon.

Examinons d'abord la manière d'agir de la partie la plus forte des deux adversaires, celle qui dispose du pouvoir.

## II

### Science et Raison des Politiciens

Depuis ces orateurs qui invoquent la science, les uns avec éloquence, d'autres avec esprit, tous avec une passion peu capable de justice, contre ce qu'ils appellent le *cléricalisme,* jusqu'aux anarchistes révolutionnaires qui y voient une arme irrésistible contre le *bourgeois* — comme ils appellent quiconque n'est pas de leur bord — tous, à bien dire, dans le parti républicain — tel du moins qu'il se manifeste au grand jour des comices électoraux — tous, ou presque tous, s'accordent à ne plus reconnaître d'autre divinité que la science. Les uns semblent en attendre le règne de la pure raison, la déesse Raison, comme disaient nos premiers révolutionnaires, quelques-uns Messieurs en manchettes, destinés à la guillotine, tels que le très savant marquis Caritat de Condorcet et ses amis si beaux parleurs, les Girondins ; les autres en bonnets rouges, précurseurs de nos anarchistes. Moins platoniques que ceux-là, surenchérissant même sur les derniers, quelques-uns affichent carrément, sur les murs de Paris, sous la rubrique *Mort aux bourgeois* : « C'est sur la « science que s'appuyent nos théories socialistes, et c'est avec « l'aide de la science que nous accomplirons la liquidation « sociale. »

Pour ceux-ci, le mot *science* n'a rien de vague, il signifie dynamite : ils estiment que, pour le moment, il est inutile de lui demander autre chose. En cela, ils sont plus clairvoyants que ce juge du tribunal révolutionnaire disant: « La « République n'a pas besoin de chimistes, » à Lavoisier qui sollicitait un sursis de quinze jours pour terminer une de ces mémorables expériences. Plus avisée encore est cette fédération représentée au congrès de Londres, qui recommande de ne pas moins s'occuper des sciences physiques que des sciences chimiques, leur concours pouvant permettre de faire sauter tout un train à distance, sans danger pour l'opérateur.

Entre ces deux extrêmes — les raisonneurs pacifiques et les exterminateurs sans phrases, — c'est sur tous les tons imaginables qu'on entend chanter la glorification de la divinité positiviste ou démagogique, que nos républicains modernes voudraient mettre à la place de l'Être suprême de tous les temps, le Dieu créateur et conservateur de l'univers.

La plupart des adeptes de la science si incomplète sur laquelle les uns et les autres prétendent s'appuyer, ne possèdent guère mieux la vraie science, c'est-à-dire la connaissance approfondie des choses, des hommes, des âmes et du passé, qu'ils ne sont capables de se faire une idée impartiale de ce qui touche à l'ordre divin. Ils n'en ont pas moins reporté du côté de ce qu'ils appellent la science, l'aveugle *foi* et l'*espérance* obstinée des anciens millénaires.

Si, au moins, à l'imitation de ces pauvres illuminés, ils y joignaient la *charité*, cette partie essentielle du trio des vertus théologales! Loin de là; ils ont remplacé la charité évangélique par la haine de quiconque ne partage pas leurs passions antireligieuses. Pourtant la charité évangélique — ne serait-ce qu'à titre d'amour du prochain — devrait être, du trio sacré, l'élément le plus recommandable aux yeux de positivistes humanitaires, tels que se vantent de l'être les coryphées modérés du parti antichrétien.

Mais, pas plus en matière religieuse qu'en matière politique, la *charité* et sa sœur la *tolérance* n'ont jamais eu grand crédit auprès des sectaires en général, espèce aveugle et sourde de sa nature; et, il faut bien le reconnaître, ceux qu'il s'agirait de ramener au sentiment des besoins actuels de notre patrie sont des sectaires, aussi bien d'un côté que de l'autre, aussi bien les politiciens qui prétendent faire une république sans Dieu, que les cléricaux qui voudraient recommencer, pour la huitième fois, l'expérience d'une monarchie héréditaire.

Donc, à en croire la presque totalité des écrivains et des orateurs qui font, dirigent ou subissent l'opinion des différents groupes républicains, la France serait parvenue à une phase de son histoire où toute tradition du passé doit faire place au règne absolu de ce qu'ils appellent tantôt la science, tantôt la doctrine positiviste, tantôt la démocratie, tantôt la vraie république, — quelquefois même l'anarchie, — en se gardant bien de définir des mots aussi peu précis, aussi essentiellement élastiques. Or, dans l'intention des uns comme dans celle des autres, science, positivisme, démocratie, république, anarchie, c'est tout un; c'est, avant tout, le règne, plus que le règne, la tyrannie des opinions simplement matérialistes, ou résolument révolutionnaires, du groupe qui en parle.

Rien de clair en effet nulle part, prétentions despotiques partout.

Mais, si ces opinions diffèrent entre elles sur bien des points, elles s'accordent sur celui qui me préoccupe. Aux yeux de tous, on doit admettre comme démontré par la raison et consacré par l'approbation de la partie la plus active, ou la plus docile, du suffrage universel (qui seule mérite d'être comptée suivant ses élus), que nos trente-sept millions d'âmes, hommes, femmes et enfants, campagnards aussi bien que citadins, esprits incultes et terre à terre aussi bien que lettrés et de sentiments élevés, malades ou débiles aussi bien que sains et vigoureux, pauvres aussi bien que riches, malheureux enfin aussi bien que favorisés du sort, que tous, en un mot, pourraient se passer de l'idée de Dieu, du sentiment religieux en général, et plus particulièrement de toute religion reconnue et de tout culte religieux; cela sans le moindre inconvénient, pas plus pour leur bonheur personnel que pour la sécurité, la prospérité et l'honneur de notre chère et si malheureuse blessée, la vieille France de Clovis, de Charlemagne, de Philippe-Auguste, de saint Louis, de Jeanne d'Arc, de Bayard, de Henri IV, de Richelieu, de Louis XIV, de la première République et du premier Empire; mère glorieuse entre toutes jusqu'à ces derniers temps, mais que le monde semble s'accoutumer à ne plus compter pour grand'chose, en voyant de quel côté penche le char branlant de notre République.

Les plus téméraires ou les moins circonspects des porte-drapeaux de la réforme nouvelle ne se contentent pas de dire que l'abandon des différentes traditions religieuses de la France serait sans inconvénients; ils affirment que la dignité du citoyen, la moralité générale et l'unité du pays ne pourraient qu'y gagner.

C'est dans cette conviction qu'ils ont cru faire œuvre patriotique en inventant un nom nouveau — la morale civique — pour désigner une morale indépendante de toute idée de Dieu. C'est d'ailleurs une morale qui n'a rien de nouveau en elle-même, car, l'idée de Dieu écartée, quelque qualification qu'on se plaise à donner à la morale, on ne saurait l'empêcher de devenir bientôt, non pas même la sagesse, mais la simple circonspection de l'homme craintif qui s'abstient de faire à un autre ce qu'il redouterait qu'on lui fît à lui-même : *admirable* maxime de Zoroastre, dit-on (1).

Qui répondra que cette *admirable* maxime de Zoroastre puisse suffire à l'humanité? Ne craint-on pas qu'à l'amour et à la crainte de Dieu, base de l'enseignement usuel, la morale civique ne fasse que substituer le respect ou la crainte du gendarme? Beau profit, en vérité, pour l'honneur et la Patrie, qui ne peuvent vivre que d'amour, et non de crainte!

Toutefois, les grands prêtres du nouvel ordre moral qui aspire et s'essaie à régner en France, à l'ombre du drapeau républicain — c'est-à-dire les hommes du gouvernement, qui, avec un talent et un courage dignes d'une cause meilleure, ont donné du corps aux prétentions des différents groupes du parti anti-religieux — les grands prêtres, dis-je, n'en sont pas encore à proclamer officiellement, comme le commun de la secte, que Dieu n'est qu'une chimère, une rêverie de cerveaux incomplètement développés, rêverie qui n'aurait subsisté jusqu'à ce jour que parce que les réactionnaires l'entretiennent avec un soin jaloux, pour dominer plus aisément les peuples : ils se contentent de le laisser dire à leurs amis.

A l'occasion, ils ne craignent pas eux-mêmes, quand le milieu leur paraît favorable, de faire entendre que, après tout, Dieu pourrait bien n'être qu'une hypothèse, puisque son existence n'est pas susceptible d'une démonstration véritablement scientifique. Ils font remarquer alors qu'en fait, par exemple, ni le chimiste, ni le physicien, ni le physiologiste dans leurs laboratoires, ni même l'astronome, n'ont besoin de se préoccuper de Dieu et de ses attributs, qui échappent également au télescope, au microscope, au scalpel, à la balance et au compas, et aussi, pourraient-ils ajouter,

---

(1) « *Ne fais pas à un autre ce que tu ne veux pas qui te soit fait.* » Paroles admirables empruntées par la Convention à un philosophe d'Orient, nommé Zoroastre, qui vivait 2000 ans avant Jésus-Christ.

(*L'Instruction civique à l'école*, par Paul Bert.)

s'ils l'osaient, à la perspicacité de leur intelligence, à la solidité de leur jugement.

Comme thèse de discoureurs plus enclins aux arguties
qu'aux sentiments élevés, ou plus sensibles à des apparences
de nouveautés que confiants dans le sens commun des siècles,
ces différentes assertions peuvent se soutenir avec succès,
devant des auditeurs d'autant plus crédules à la parole d'un
savant, qu'ils sont eux-mêmes plus ignorants, et qu'ils ont
trop négligé la culture de leur âme, pour sentir qu'il y a
d'autres instruments que le scalpel et la balance pour se faire,
de Dieu, une idée rassurante. On a soin d'ailleurs de leur
laisser ignorer que, même dans les temps modernes, nombre
de travaux scientifiques de premier ordre ont été dirigés
par une ferme croyance en une intelligence supérieure, toute-
puissante et souverainement sage, considérée *a priori* comme
ayant ordonné toutes choses dans la plus juste mesure de cette
simplicité et de cette harmonie parfaites qui caractérisent
les merveilles de la nature, depuis le plus infime microbe
jusqu'à l'incompréhensible infini de l'espace et du temps.

L'infini, entendez-vous, Messieurs les savants, l'infini qui ne
se mesure pas, même au télescope! C'est bien autre chose que
l'immensité, cette immensité que Littré, votre chef et votre honneur, a si magnifiquement appelée «un Océan qui vient battre
notre rive, et pour lequel nous n'avons ni barque ni voile, mais
dont la claire vision est aussi salutaire que formidable. »

Tâchez donc d'apprendre ce que l'infini enseigne avant
d'affirmer qu'en vous seuls est l'omni-science, et que ce
que vous jugez négligeable doit être considéré par la nation
entière comme indigne d'attention.

Ce qu'il est plus difficile encore de laisser passer sans pro-
testation, c'est tel ou tel avocat de la prétendue morale
nouvelle allant jusqu'à soutenir qu'il n'est pas besoin non
plus de l'idée de Dieu, ou d'une foi religieuse quelconque,
pour être honnête homme, époux fidèle, père de famille
dévoué aux siens, bon citoyen, pour se conduire dignement
en toute circonstance et supporter vaillamment, au besoin,
les difficultés, les mécomptes de la vie, et jusqu'aux injustices
apparentes du sort.

Sans vouloir examiner de trop près des cas particuliers, qui ne semblent pas très communs, d'après ce qu'on en sait, et qui d'ailleurs, à titre d'exception, ne prouveraient rien ; sans même penser à m'enquérir de ce que peut valoir la bonne opinion que quelques-uns de ceux qui parlent ainsi sont en droit d'avoir d'eux-mêmes, je n'hésiterais pas à dénoncer comme tout à fait inadmissibles les prétentions de tous les fiers satisfaits qui tiennent ces discours, si j'avais l'autorité et le talent nécessaires pour mettre de mon côté le principal intéressé dans la question dont il s'agit, la masse du public, le peuple français tout entier.

Il est évident pour moi que les assertions des hommes qui croient pouvoir faire abstraction de l'idée de Dieu sont inacceptables de tous points pour ce qui concerne l'ensemble de la population française ; et c'est l'ensemble de la population, c'est-à-dire la nation — c'est, non pas seulement le citoyen électeur, le citoyen journaliste, ou monsieur le député, c'est monsieur tout le monde, hommes jeunes et vieux, femmes et enfants—qu'en pareille matière on doit considérer avant tout. A quoi bon, dès lors, s'arrêter à l'examen de tels ou tels cas qu'on pourrait citer, je le reconnais, mais qui ne prouveraient rien, lors même qu'étant établis d'une manière indiscutable, ils se trouveraient aussi concluants par rapport à tel ou tel individu qu'on se l'imagine. Seulement je ne saurais trop le répéter, au point de vue de l'intérêt public rien ne saurait être recommandable comme absolument vrai, comme absolument bon, comme absolument juste, que ce qui serait vrai, bon et juste pour la masse de nos 37 millions d'âmes ; je pourrais même dire pour le monde entier, si le reste de l'humanité ne me préoccupait pas infiniment moins, en ceci, que notre France, n'étant pas assez avancé pour n'être plus patriote.

Les journalistes et les politiciens positivistes oublient trop souvent cette vérité élémentaire, qu'en fait de sociologie — mot de leur invention — on ne devrait préconiser comme utile, bon et nécessaire que ce qui est utile, bon et nécessaire pour la totalité des membres d'une même nation.

Malheureusement, ce n'est pas mon métier d'écrire, ni

même de politiquer, encore moins de pontifier, et je n'ai, pour crier gare quand je crois voir un danger, qu'une vive sollicitude pour l'honneur de mon pays et pour celui de la République, avec une entière bonne volonté de servir l'un et l'autre dans la faible mesure de mon pouvoir, sans admettre d'ailleurs qu'aujourd'hui il y ait lieu de les séparer, sous aucun prétexte.

Et puis, il faut le dire, enfant du siècle, je ne me sens pas sans reproche à l'égard de la foi pour laquelle je voudrais être capable de combattre efficacement. A quel titre, pourrait-on me demander, vous mêleriez-vous de parler de Dieu et de religion, vous qui, tout en ayant toujours conservé une préférence marquée pour la religion dans laquelle vous êtes né, et en vous étant tenu systématiquement à l'écart des novateurs de votre temps — Saint-Simon, Fourier, Auguste Comte (1) — n'avez jamais été catholique qu'à la française, c'est-à-dire fort peu fervent, et suspect de plus d'une hérésie, à ce point qu'on vous a entendu dire que, même dans votre enfance, vous n'avez jamais pu mener jusqu'au bout la moindre prière mentale sans vous endormir.

A tout cela, je ne pourrais que répondre : c'est vrai !

C'est donc à d'autres plus dignes qu'il appartiendrait de défendre, sinon Dieu — qui est au-dessus du jugement des hommes, — mais le sentiment religieux, dont les hommes en général, et le régime républicain moins que tout autre — je le crains, — ne pourraient se passer impunément.

Malheureusement, de ceux qui ont qualité pour soutenir cette noble cause, les plus capables ont le tort de s'être rendus suspects aux républicains, même aux plus modérés, tandis que les autres se comptent en si petit nombre qu'on me pardonnera peut-être de m'être laissé aller à penser

---

(1) Je ne méconnaissais ni le mérite, ni les intentions civilisatrices de ces chefs d'écoles; mais je leur reprochais, ce que je reproche aux beaucoup moins intelligents matérialistes de nos jours, de tendre à faire négliger ou même oublier tout à fait *l'au delà* de Pasteur, le *sursum corda* de l'Eglise catholique, *l'excelsior* de Longfellow. C'est là, à mon sens, une erreur irrémissible pour des hommes qui prétendent ouvrir à l'humanité des voies nouvelles; irrémissible, parce que négliger ce point capital, c'est montrer, selon moi, qu'on a la vue courte, bien grave défaut pour un guide.

qu'un simple soldat de bonne volonté ne serait pas inutile au succès de l'entreprise la plus ardue assurément qui se puisse concevoir : ardue, mais utile, nécessaire même plus qu'aucune autre, dans la situation présente de notre malheureux pays.

Voilà pourquoi, sans peur, sinon sans reproche, je ne crains pas de me mettre en avant.

C'est uniquement mon vieil amour de la patrie française, combiné avec une inclination presque aussi ancienne pour le régime républicain, qui me poussent à tenter campagne au profit de l'une et de l'autre, contre les deux tendances contraires signalées en commençant. En effet, si l'on parvenait à raviver le sentiment religieux de tous ceux chez qui il s'éteint, tout en en relevant le niveau chez ceux-là mêmes qui en comprennent l'importance — sans que l'ensemble de leur conduite le montre toujours d'une manière aussi convaincante qu'on pourrait le désirer, — j'ose espérer qu'il deviendrait possible de mettre un peu d'ordre dans l'effroyable confusion que le mot de République a fait naître, et qu'il entretient dans notre pays. Je crois en outre que, si la République se trouvait ainsi revivifiée, rajeunie à l'intérieur et au dehors, par l'adoption réfléchie d'une haute idée de Dieu, elle finirait par devenir capable de remplir dignement la mission qui lui incombe, de relever la France. Et alors, mais alors seulement, notre exemple donnerait peut-être à penser aux peuples qui nous entourent : au lieu de nous dédaigner ou de nous plaindre, comme ils semblent le faire aujourd'hui, ils pourraient se sentir tentés de nous imiter. Si pareille bonne fortune nous arrivait un jour, ce serait assurer la paix et le progrès au monde entier, beaucoup mieux que par ces millions d'hommes qu'on détourne du travail pour leur apprendre à tuer leurs semblables.

La grandeur du but suffit pour faire comprendre combien grande devrait être l'autorité des hommes qu'on voudrait voir entreprendre l'œuvre patriotique que je conçois. Plaise à Dieu que, sans tarder, il surgisse plus d'un de ces hommes nécessaires!

Simple observateur désintéressé, mais nullement indifférent, n'ayant ni plume qui attire et retienne, ni voix qu'on entende et qu'on écoute, et ne disposant que de quelques loisirs pris sur le temps de repos du métier dont je vis, je ne puis qu'avoir l'idée de ce que la situation actuelle réclame, en laissant le mérite de développer cette idée et de la propager aux patriotes de bonne volonté qui se sentiraient de force à mener l'entreprise à bonne fin. Ce qui est évident pour moi, c'est que plus d'un pourrait contribuer au succès, en y travaillant chacun à sa manière, c'est-à-dire à la manière qui conviendrait le mieux à ses facultés, à sa situation et à ses moyens d'action. On peut même dire qu'il y a là du travail patriotique pour tout le monde, à tous les degrés de l'échelle sociale; un travail capable d'assurer l'honneur aux mieux doués, et un profit inestimable, non moins pour le pays que pour l'idée républicaine elle-même. A l'ouvrage donc et bon espoir!

Je ne clorai pas ce chapitre sans relever de nouveau ce qu'il y a de peu démocratique, de peu républicain, de *bourgeois*, pour employer le langage populaire du jour, d'égoïsme en un mot, je dirai même de fatuité, dans la prétention des chefs attitrés du parti républicain, de considérer comme devant convenir, comme devant suffire à toute une nation, ce qu'ils jugent opportun, convenable et suffisant pour eux-mêmes, non pas seulement dans l'ordre politique, mais même dans l'ordre moral.

Comme opinion personnelle, on pourrait passer cette idée à de simples particuliers, exempts de toute prétention de régenter leurs semblables; mais, de la part d'hommes qu'un tour de roue de la fortune, — comme le vieux Glais-Bizoin disait de Morny et consort — a mis en possession du pouvoir, et qui pourraient être renversés du jour au lendemain par le moindre déplacement de la girouette populaire, c'est une usurpation, un abus de pouvoir, d'autant plus coupables que les masses dont on attaque les croyances sont, pour la majeure partie, aussi inoffensives qu'incapables de se défendre.

Je n'hésite pas à dire à ceux de mes amis politiques qui commettent cet abus de pouvoir, en témoignant si peu d'égards à la partie de notre population qui en mérite le plus : « Vous oubliez étrangement la devise véritablement chrétienne qu'on lit encore sur nos monuments, bien qu'à demi effacée :

## LIBERTÉ, ÉGALITÉ, FRATERNITÉ.

A vouloir pousser votre prétention jusqu'au bout, vous vous exposez à ce qu'on vous accuse d'avoir remplacé cette devise républicaine par l'antique :

*Sic volo, sic jubeo, sit pro ratione voluntas*

qui, en France, ne devrait plus être de notre temps, sous aucun régime. »

Je voudrais donc être en mesure de crier par-dessus les toits : « La prétention de ne plus compter Dieu pour rien, ni dans les écoles, ni dans les tribunaux de la République — pas même dans les hôpitaux — et d'en ruiner l'idée dans l'esprit de la jeunesse française, cette prétention est le comble du despotisme d'une aristocratie sans titres aucuns, sans mandat sérieux. Malheureusement, il n'y en a que trop, dans notre parti, de ces aristocrates de fraîche date, qui se croient républicains et amis du peuple parce que, comme lui et avec lui, ils boivent, fument et le courtisent, en déblatérant contre toute discipline et tout frein : religion, travail, loi, police, magistrature, service militaire, etc., sans aimer autre chose au fond que leur liberté illimitée de tout dire et de tout faire, avec le pouvoir d'imposer au pays la souveraineté de leurs opinions personnelles, bien que souvent ces opinions ne soient elles-mêmes que des préjugés aussi mal fondés que quelques-uns de ceux qu'ils combattent avec acharnement chez les croyants.

Il faudrait qu'avant tout ils apprissent ce qu'ils paraissent ignorer, ces paladins de la science, que Dieu est du domaine du sentiment, beaucoup plus que du domaine des sciences proprement dites, et que, si, de grands travailleurs absorbés dans leurs recherches spéciales, si par exemple un Spinosa, un Laplace, un Littré, un Darwin, si quelques autres honorables exceptions ont cru possible de faire abstraction de l'existence d'un Dieu personnel, sans cesser d'être dignes de respect, elle ne le peut pas, elle ne le pourra

jamais, cette foule d'êtres humains, incessamment renouvelée, qui naît, vit et peine au milieu de difficultés journa-
lières et de privations de toutes sortes, au milieu d'aspirations
disproportionnées avec ses facultés, sans avoir la ressource
de s'absorber dans d'honnêtes méditations.

Le sentiment de ce quelque chose d'inconnu qui nous
manque incessamment n'est-il pas, d'ailleurs, le cas de tous,
tant que nous sommes, petits et grands, riches ou pauvres?
En pareille matière, le talent, la science, le génie comptent
peu : le simple bons sens, la confiance, la conviction intime
de la plus humble mère de famille mérite plus de considération que les affirmations présomptueuses de n'importe qui,
philosophe, savant, romancier, politicien ou bohême.

Le suffrage universel de tous les peuples a proclamé l'existence de Dieu et son action providentielle sur notre petit
monde sublunaire; ce n'est pas tel ou tel épilogueur obstiné,
chez qui

Le raisonnement a banni la raison,

comme dit Molière; ce n'est pas tel ou tel orateur à voix
retentissante, ce ne sont pas même deux ou trois cents représentants d'un dixième au plus de la population française
réunis en un jour de fièvre, qui prévaudront contre cette
décision souveraine, constamment renouvelée dans tous les
pays, pendant plusieurs milliers de siècles.


## III

### Guerre au cléricalisme

Avant d'aller plus loin, il importe de montrer que je ne
m'attaque pas à une chimère créée à plaisir, et que le mal
qui m'inquiète a déjà atteint officiellement un degré de
gravité qui ne pourrait guère s'accroître sans compromettre
l'existence du malade.

Examinons donc, de plus près, où nous en sommes.

Les promoteurs d'une République française sans Dieu et
dégagée de tout lien avec les religions pratiquées ou respectées en France ont commencé par lancer, contre le sen-

timent religieux en général, quelques mots équivoques : « Le cléricalisme, voilà l'ennemi ! » qui pouvaient être interprétés comme étant à l'adresse de ce qu'on appelait, en même temps, les nouvelles couches sociales, pour les provoquer à se rendre indépendantes de la partie la plus vulnérable et la plus facile à saisir des adversaires de la République. A l'origine, dans certaine mesure, cette attaque n'était pas sans excuse, étant donné un état de guerre avouée, dont les ennemis de la République avaient pris l'initiative, et contre lequel nous devions nous défendre, nous tous qui avions la conviction qu'avec ses rivalités inconciliables, le retour d'une monarchie quelconque aurait plongé la France dans une guerre civile sans merci, à laquelle elle n'aurait pas survécu. Mais personne ne pouvait raisonnablement penser à faire l'état normal du pays de cette malheureuse situation provoquée par un gouvernement transitoire, qui s'était vanté d'être un gouvernement de combat. Cependant, le gouvernement réactionnaire étant tombé faute d'être soutenu par le corps électoral, les républicains, loin de désarmer, reprirent plus vivement que jamais la guerre déclarée au cléricalisme, en organisant méthodiquement une campagne en règle, non plus contre un être de raison, qui permettait aux assaillants d'user au besoin d'échappatoires, mais bel et bien contre la religion de la majorité des Français, le catholicisme, qu'on se mit à tracasser, à pourchasser et à bafouer dans toute occasion, en citant notamment et accumulant, aux yeux d'auditoires choisis, les exemples les plus criants des fautes, des abus, des crimes commis en son nom, dans la suite des siècles.

Or qui ne sait combien il est malheureusement facile de trouver des abus de toutes sortes, dans le passé aussi bien que dans le présent, — qu'il s'agisse de religion, de morale ou de politique, — quand on s'en prend au monde entier et qu'on se met à fouiller dans le tas des vilenies, des inepties, des fourberies, des sauvageries, des contradictions dont la bête qui est en nous est capable, tant qu'elle n'est pas solidement dominée par quelque idéal supérieur, dont le plus sûr, parce qu'il est le plus élevé, est une saine idée de Dieu ?

À cet égard, les républicains n'ont guère le droit de rien reprocher aux opinions religieuses : leur dossier n'est pas moins riche, bien que l'opinion républicaine n'ait pas beaucoup plus d'années d'existence, en France, que le catholicisme n'y compte de siècles.

Les abus dont on se prévaut à l'encontre des catholiques prouveraient peut-être la nécessité d'une idée de Dieu plus haute et plus saine que celle que s'en fait communément la masse des chrétiens, mais nullement la non-existence de l'Être infini, créateur et conservateur du monde, source unique de toute vérité et de toute justice, idéal de toute perfection.

La possibilité, pour les sociétés humaines, de se passer d'un culte digne de Dieu, ne saurait donc ressortir des griefs mis en avant par les ennemis des sentiments religieux.

Ce n'en est pas moins ainsi qu'au moyen de faits, et même de simples mots, habilement triés dans l'histoire et dans les livres des différents peuples chrétiens, quelquefois même dans des opinions individuelles, on est parvenu à faire croire à des hommes peu instruits, pour la plupart, de ces sortes de matières et pas toujours très judicieux, façonnés d'ailleurs de longue date à l'incrédulité et qui, en outre, n'entendaient qu'une cloche, que toujours le sentiment religieux engendre plus de mal que de bien.

Le bien, dont le public ne connaît jamais que les moindres détails, parce que la foule des bonnes âmes qui le pratiquent dans l'ombre le fait sans bruit, tandis que, même isolé, le mal éclate trop souvent en fanfares scandaleuses et provoquantes, qui trouvent facilement des échos dans la partie de la population la moins dégagée des liens de la bête en qui nous vivons bon gré mal gré, puisque c'est de cette étoffe que nous sommes tous faits.

Puis, comme on ne pouvait pas se dissimuler l'étendue et la profondeur des racines que la foi chrétienne a poussées, pendant tant de siècles, au sein de la nation française, on affirma aux entrepreneurs d'élections et à leurs élus, qui, depuis longtemps, ne lisaient plus guère eux-mêmes l'Évangile, — encore moins l'Ancien Testament, — et qui n'entendaient jamais lire ni l'un ni l'autre, pas plus au prône que chez eux, qui, d'autre part, ne connaissaient de Zoroastre et de Confucius que les noms tout au plus, on leur fit croire que ces législateurs de l'extrême Orient avaient tout dit, en fait de morale, des milliers d'années avant l'ère chrétienne, bien avant le grand Moïse lui-même, et que l'humanité en avait obtenu tout ce qu'elle pouvait en attendre : on leur fit croire également que le Christ n'avait été qu'un plagiaire, et que, par suite, la science et notre siècle n'ont plus que faire désormais des doctrines de ceux qui se disent les représentants de ce prophète suspect.

Dans les journaux les plus ardents, le protestantisme ne fut pas plus ménagé que le catholicisme; mais les habiles crurent toujours plus prudent de ne s'attaquer qu'au clergé catholique et à ses adhérents, comme pour se réserver au besoin, l'appui ou la neutralité de la minorité chrétienne.

La conclusion constante de ces démonstrations était que, la science ayant fait définitivement son avènement dans le monde, il n'y avait plus rien à garder des temps d'ignorance, et qu'au positivisme seul appartenait désormais le droit de façonner à la saine raison les intelligences des générations de l'avenir (1).

De là à persuader à des hommes ambitieux de faire du bruit, — à défaut de nouveau — (très enclins d'ailleurs par tempérament à déchaîner cette bête humaine qui est le côté faible de notre espèce et dont on ne se défie jamais assez) que le christianisme n'avait jamais fait, et n'était capable de faire que des peuples abâtardis, imbéciles, immoraux, dénués de patriotisme (2), il n'y avait qu'un pas. Ce pas a été franchi sans la moindre difficulté, au moyen de la mise en branle de la machine ordinaire des révolutions : les journaux, les réunions populaires, et les discours moqueurs ou haineux

---

(1) La religion de la culture intellectuelle, l'instruction vraie, l'enseignement des choses démontrables, voilà notre religion !
(Gambetta, conférence faite au Cirque d'hiver le 28 août 1881.)

(2) J'affirme que l'enseignement religieux devient quasi-fatalement l'école de l'imbécillité, l'école du fanatisme, l'école de l'anti-patriotisme et de l'immoralité. (M. Paul Bert, même conférence.)

prodigués dans le Parlement et au sein des réunions populaires, en jouant habilement du jésuite, du réactionnaire, de
la liberté de conscience et de l'avènement irrévocable, en
France, de la démocratie.

C'est à l'aide de ces différentes manœuvres qu'on est parvenu à réunir un jour, et à retenir pêle-mêle, dans un vote
unanime à peu près, aussi bien le petit nombre de députés
et de sénateurs républicains qui pensent, avec l'honnête et
libéral Locke (pas jésuite à coup sûr celui-là) que, « pour
» donner un principe à la vertu, il faut, de très bonne heure,
» imprimer dans l'esprit des enfants une notion vraie de
» Dieu »; — ce dont personne, à bien dire, n'avait douté
jusque-là, — aussi bien, dis-je, ceux-là que ceux qui, avec
le plus sérieusement déiste des philosophes de son temps,
J.-J. Rousseau, ont soutenu, qu'il était préférable, au contraire, d'exclure de l'éducation du jeune âge toute notion de
la Divinité, pour ne pas s'exposer, prétendait-il, à en laisser
prendre une idée fausse.

On a donc obtenu l'adhésion des républicains qui pensaient
au fond ce que l'honorable M. de Lacretelle avait dit en
plein Parlement : « Je crois que Dieu est la lumière, qu'il
» est la force, qu'il est la justice ; et cette lumière, cette
» force, cette justice, je veux les apporter à la République ; »
on a obtenu leur adhésion sans beaucoup plus de peine que
celle de députés qui, en plus grand nombre (parmi ceux qui
disent ce qu'ils pensent), ne craignent pas de se proclamer
athées, en plein Parlement aussi, et iraient volontiers jusqu'à
se vanter d'être matérialistes de tout point, sans la moindre
réserve.

Cela voudrait dire, si on prenait les athées au mot, que,
sans s'en rendre compte probablement, ils ne sont pas éloignés de se considérer comme n'ayant pas grand'chose de plus
que les autres mammifères, chez qui les plus forts ou les plus
rusés peuvent tuer, manger les plus faibles et les maintenir
dans un état constant de terreur et de résignation, le tout
naturellement et très légitimement.

Pour ma part, je refuse de pousser l'amour de l'égalité
jusque-là.

A l'animal, l'insouciance d'une vie dominée par des instincts qu'on pourrait croire mécaniques; à l'homme, le souci de sa dignité de créature libre, ayant reçu de Dieu une âme indépendante du corps, dont il a mission de faire bon usage pour le bien de l'humanité.

Quoi qu'il en soit de ces choses essentiellement mystérieuses, et toutes de sentiment, c'est au moyen des différents arguments indiqués plus haut que nos législateurs ont été amenés à juger, au pied levé, les états de services de la religion de la très grande majorité du pays, puis des religions en général, et enfin de Dieu lui-même.

Comme la plupart de nos favoris des comités républicains ne s'étaient jamais préoccupés beaucoup des questions dont il s'agit, et que ceux qui n'y étaient pas étrangers se composaient, en grande partie, de protestants ou de francs-maçons, minorité croyante à sa manière, mais prédisposée par ses passions sectaires à voir sans déplaisir des attaques qui portaient sur la majorité catholique, beaucoup plus que sur eux-mêmes; il a été facile aux positivistes, aux matérialistes, aux radicaux et aux révolutionnaires qui menaient la campagne de faire admettre que, dans l'enseignement imposé aux enfants, l'État s'abstiendrait de prendre parti pour ou contre ce qui touche aux religions existantes, qu'il serait neutre en un mot.

Officiellement, on a toujours prétendu n'aller pas plus loin; seulement, on l'a fait sans mettre toujours les faits d'accord avec les paroles.

L'adoption de ce premier point rencontra donc d'autant moins de difficultés qu'on avait invoqué le respect de la liberté de conscience des parents, qui, dans les localités n'ayant qu'une école, pourraient avoir différentes manières d'exprimer et d'entretenir leur foi en Dieu : c'était ainsi une apparence d'hommage à des diversités respectables dans la forme des sentiments religieux, tels qu'ils se manifestent en France.

On s'empressa de partir de là pour revendiquer le même droit de supprimer dans les écoles, non seulement toute profession de foi confessionnelle, mais toute manifestation spiritualiste quelconque et cela, pour prévenir, disait-on, des difficultés possibles — dans des localités pourtant qui, en très grand nombre, n'ont jamais manifesté le moindre mécontentement du régime existant, — et pour éviter les susceptibilités des instituteurs dont on disait déjà, très inconsidérément selon moi, avant qu'ils fussent créés : « L'instituteur doit être souverain dans son école, souverain non seulement pour la discipline, mais même pour la liberté d'exprimer son opinion personnelle sur toutes choses. » (1)

Enfin on acheva de démasquer le but poursuivi en réclamant ce même droit, avec plus d'insistance encore, pour la catégorie de citoyens (célibataires en majeure partie, mais d'autant plus exigeants qu'ils ont moins de consistance personnelle) qui en sont venus à ne plus admettre qu'un enfant puisse entendre prononcer le nom de Dieu dans l'école publique sans que l'avenir de la République s'en trouve compromis.

Il est de principe, paraît-il, en République que, du moment qu'un enfant peut devenir électeur ou mère d'électeur, il ne doit pas être exposé à penser autrement que le comité dirigeant à qui le député a dû sa nomination, comité, il faut le croire, qui ne sera plus jamais, à perpétuité, que radical et athée.

C'est ainsi que, finalement, l'invocation de la liberté de conscience a servi à entraver la liberté et à froisser la conscience des trois quarts au moins de nos trente-sept millions d'âmes, aussi bien des catholiques que des protestants, et même des juifs, et cela au profit exclusif d'une faction intolérante, qui, je le répète, ne représente pas même le tiers du corps électoral, pas le dixième de la population totale du pays.

Aujourd'hui, de par nos lois, il n'est plus permis de parler de Dieu dans les écoles primaires de la République française, bien que ces écoles continuent d'être construites et entretenues des deniers de toute la France. En outre, il est défendu aux ministres des différents cultes d'y mettre les pieds même aux jours et heures où les classes chôment.

(1) Discours de M. P. Bert déjà cité.

On a refusé obstinément d'avoir égard soit à l'éloignement de l'église pour les enfants des campagnes qui pourraient y aller chercher l'instruction religieuse, soit à l'humidité glaciale de ces grands vieux bâtiments, si salpêtrés et si sombres, en hiver, dans la plupart de nos villages.

On dirait que, lorsqu'il s'agit de religion, et surtout de religion catholique, opportunistes, radicaux, gauches-extrêmes et anarchistes s'accordent sur la manière de comprendre la liberté, la justice et la morale. Pour les anarchistes révolutionnaires, la société actuelle étant immorale, tout moyen de la détruire est moral. Pour les opportunistes, les catholiques formant un État dans l'État, tout moyen de faire cesser cet état de choses est légitime. Les radicaux, de leur côté, trouvent dans cette dernière considération un accommodement ingénieux de leurs passions irréligieuses avec leurs théories de liberté illimitée. La chasse aux catholiques forme ainsi un lien temporaire entre gens qui ne semblent pas s'aimer très tendrement, ni même avoir beaucoup de considération les uns pour les autres.

C'est ainsi que, l'un portant l'autre, tricolores, bleus et rouges ont voté comme un seul homme.

Ce qui est curieux dans ces hypocrisies de la politique courante, c'est que, tandis que la France catholique, c'est-à-dire beaucoup plus de la moitié de la nation, n'a jamais eu la moindre idée de constituer un État dans l'État et de cesser ainsi d'être la France, les orateurs opportunistes déclarent qu'ils sont trop patriotes pour ne pas poursuivre sans merci la guerre déclarée par leur chef au cléricalisme, au nom de l'unité nationale, et qu'en même temps ces mêmes orateurs restent pleins d'indulgence pour les radicaux de toutes nuances dont plusieurs, faute de mieux, ne se feraient pas trop prier si on leur laissait constituer dans l'État un État — fût-il séparatiste — à l'image de chacun de leurs groupes.

## IV.

### Dieu mis en question

« De quel Dieu serait-il possible de parler à nos écoliers sans blesser la conscience de quelques parents ou de l'instituteur lui-même, » ont demandé les promoteurs de la loi prétendue neutre ? Et cette objection a été jugée sans réplique par le ministre de l'instruction publique et des cultes : du moins, il n'a rien trouvé à y redire, ni lui, ni pas un membre du ministère ou de la majorité républicaine.

Cependant peut-on sérieusement parler de plusieurs dieux, à notre époque, dans un pays où, depuis des siècles, chrétiens, juifs, mahométans et simples déistes ne diffèrent à cet égard qu'en ce que tous, sentant l'impossibilité de voir et d'entendre Dieu lui-même, admettent entre lui et eux des intermédiaires ? Pour les chrétiens, c'est son Verbe fait chair, c'est-à-dire sa pensée transmise aux apôtres et à leurs successeurs, soit par la bouche du Christ, soit par l'inspiration de l'Esprit-Saint ; pour les juifs et les mahométans, c'est Moïse, c'est Mahomet, ce sont des prophètes de différents ordres ou des êtres surnaturels, admis comme organes de l'inspiration divine. Pour les déistes enfin—qui prétendent converser directement avec l'être infini,—l'intermédiaire est leur propre âme, considérée par eux comme une émanation de Dieu.

C'est ainsi que moi-même je considère l'âme ; seulement, pour que notre âme nous mette en rapport, je n'oserais pas dire certain, mais probable, avec Dieu, il faut, ce semble, supposer une condition qui n'est pas toujours facile à remplir, à savoir que l'âme trouve en chacun de nous individuellement, pour organe, une conscience pure, désintéressée et adjointe à un jugement sain, c'est-à-dire dégagée de toutes les infirmités de l'humaine nature : l'orgueil, l'envie, la paresse, et le reste.

Hors de là, on ne saurait se le dissimuler, l'intermédiaire risque fort de n'avoir d'oreilles et de voix que pour celui qui le consulte, lequel n'a probablement pas toujours le droit de se croire aussi ferme et aussi désintéressé que Moïse et les grands prophètes, ni aussi bon et aussi pur que Jésus et ses apôtres ! De sorte que, pour le commun des martyrs, il n'est pas déraisonnable, il est même sage, soit de chercher, soit de savoir où trouver, pour intermédiaire, une parole plus autorisée que celle d'un chacun.

C'est ce que font, de différentes manières, les différentes communions chrétiennes, mahométanes et juives.

Dans notre vieille France particulièrement, parmi les catholiques, comme parmi les protestants, personne, tout en croyant fermement qu'il n'existe qu'un seul et même Dieu, n'a jamais cessé de croire à la fois au Dieu de la Genèse et au Dieu de l'Évangile, sans penser à y voir deux dieux différents, et cela, depuis nos grands évêques saint Denys, saint Martin et saint Remy, jusqu'à nos grands citoyens Jean Reynaud, Edgar Quinet et Victor Hugo. Littré lui-même, dans son dictionnaire, admet que juifs, chrétiens, mahométans et simples déistes s'accordent pour reconnaître un même Dieu (1). Par conséquent, abstraction faite de la minorité qui prétend nier son existence, personne n'est fondé à soutenir sérieusement que la croyance en un Dieu unique n'est pas générale en France. Dès lors, rien n'était plus facile que de trouver dans le Conseil supérieur de l'instruction publique, par exemple, un homme capable de tracer aux instituteurs des instructions précises, claires, je dirai même rationnelles, permettant de donner une idée imposante de Dieu à des enfants de six à treize ans, sans offenser aucune croyance religieuse.

Il va sans dire que, le cas échéant, la souveraineté prêtée si gratuitement à l'instituteur (même par des hommes qui passent pour n'être point partisans de la liberté illimitée des opinions pour tout citoyen) aurait eu à s'incliner devant la souveraineté de l'État, qui, à mon sens, ne doit jamais s'effacer pour tout ce qui est d'intérêt public. Si d'ailleurs il était

---

(1) Dieu, l'Être infini, créateur et conservateur du monde dans la religion chrétienne, et aussi dans le mahométisme, dans le judaïsme et parmi ceux qu'on appelle déistes. (Dictionnaire de la langue française, 1863.)

arrivé que la conscience d'un instituteur ne lui permît pas de prononcer avec respect le nom de Dieu, il aurait dû, sans plus de façon, faire place à un autre plus raisonnable. Pas de difficulté sérieuse sur ce point.

Mais, de grâce, si une majorité bien inspirée revenait un jour sur ce qui a été fait si malheureusement et si impolitiquement, dans un esprit d'athéisme difficile à nier, qu'on se garde de charger un grand maître de philosophie de rédiger l'instruction officielle qui deviendrait nécessaire ! Je craindrais en effet que, même formée de mots français, une rédaction académique eût trop de chances de ne pas mieux saisir l'esprit des enfants, de ne pas plus pénétrer dans leur cœur, de n'être pas plus convaincante pour les parents eux-mêmes, que si on l'empruntait à Confucius, à Zoroastre ou aux écrits de tel ou tel professeur — allemand ou autre — également fort en thèses, en antithèses et en baragouin réputé scientifique.

En ce cas, comme en général pour ce qui intéresse tout le monde, c'est le langage de tout le monde qu'il faut parler, et, n'en déplaise aux savants et aux philosophes émérites, l'Évangile, la Bible et le catéchisme lui-même donnent, de ce langage, des exemples qu'on ne trouverait pas facilement ailleurs (1).

Il est donc évident que, si les représentants de l'État avaient attaché à l'idée de Dieu la moindre importance, ils auraient pu, sans même se compromettre dans l'esprit de la majorité de la Chambre, répondre : « La première République française a » solennellement proclamé qu'elle reconnaissait l'existence

---

(1) M. Eugène Pelletan a assuré, au Sénat, que Cousin, l'illustre professeur de philosophie, aurait dit, sur Dieu, ce qui suit : « Le Dieu de « la conscience est un Dieu à la fois vrai et réel, à la fois substance et « cause, n'étant substance qu'en tant que cause, c'est-à-dire, étant « cause absolue, un et plusieurs, éternité et temps, espace et nombre, « essence et vie, indivisibilité et totalité, principe et fin et milieu, au « sommet de l'être et à son plus humble degré, infini et fini tout en- « semble. » — Ouf ! ! ! Il y a soixante ans que j'ai dépassé l'âge des écoles primaires, et j'avoue qu'à aucun moment de mon existence je n'aurais été capable de suivre avec le recueillement nécessaire une définition de Dieu aussi savante et aussi philosophique que celle de ce grand Cousin, qui a été l'oracle de la génération à laquelle j'appartiens.

» d'un Être suprême et de l'immortalité de l'âme; nous ne
» pouvons pas faire moins dans nos écoles, du moment que
» nous les rendons obligatoires pour tous. A vouloir être
» plus avancés que Robespierre, nous nous exposerions à
» être bientôt absorbés par Chaumette et Hébert, qui n'at-
» tendent peut-être qu'une occasion pour revenir et pren-
» dre, à notre place, la tête du mouvement. »

Une majorité importante aurait probablement donné raison à un langage aussi peu compromettant; car c'est par
faiblesse, plus que par sympathie pour la gauche extrême,
que, trop souvent, la majorité vote ce que celle-ci réclame.

Je n'ai, sans doute, plus besoin de dire que je ne partage
nullement les scrupules, ou plutôt la partialité de ceux de
mes coreligionnaires politiques, qui admettent que l'État républicain n'a pas à tenir compte des croyances ou des inclinations religieuses de la majorité du pays, et qu'on répond
mieux aux nécessités du présent, et surtout aux besoins de
l'avenir, en écoutant de préférence ces ennemis de toute
croyance, qui ne réclament l'école neutre que pour l'avoir
athée. Non seulement je refuse de reconnaître à l'État le
droit qu'il s'est arrogé d'interdire dans les écoles primaires
la mention du nom de Dieu, mais je nie qu'il soit utile et
politique d'user d'un droit pareil, lors même que ce droit
aurait été confirmé solennellement et consacré par une majorité du corps électoral incontestable, par une de ces majorités éphémères que l'Empire, par exemple, parvenait
à réunir: ce qui n'est certes pas le cas aujourd'hui.

Qu'on ne m'oppose pas non plus l'opinion d'hommes de
grande autorité, qui, se croyant conservateurs et même
chrétiens, ont prétendu autrefois que l'État devait être
athée! A mon avis c'était, de leur part, une erreur énorme.
Ce qui est vrai, c'est que l'État est incompétent pour se
prononcer sur le mérite des dogmes et des cultes, c'est-à-
dire sur l'efficacité des moyens employés pour développer et
entretenir la croyance en un Dieu créateur, source de toute
vérité et de toute justice, promoteur de toute bonne pensée,
idéal incomparable de toute perfection morale. Ces moyens
pouvant varier suivant les temps, suivant les pays, suivant

les races, suivant le tempérament des individus, suivant leur degré d'instruction, etc., liberté entière doit être laissée à chaque famille pour y faire son choix comme elle l'entend.

Seuls, les parents peuvent être bons juges de ce qui à cet égard, convient à leurs enfants. Il suit de là que l'État doit s'abstenir absolument de s'ériger en juge de ce qui concerne les différents cultes existants. Il n'est pas, il ne peut pas être compétent; mais l'incompétence de l'État pour ce qui touche aux moyens à employer ne doit pas le rendre indifférent au but à atteindre, qui, je le répète, à l'égard de Dieu, est le même pour tous les croyants. Par conséquent, du moment que l'État prend à sa charge l'instruction des enfants et qu'il l'impose à tous, sous une forme qu'il prétend déterminer sans consulter les parents, il ne saurait, sous aucun prétexte, laisser ignorer à ses élèves que l'idée de Dieu est le point de départ de toute civilisation, et que plus cette idée est saine et haute chez un peuple, plus ce peuple est moral, respectable et fort. C'est un fait que l'histoire démontre, l'histoire qui, elle aussi, est une science non moins respectable que la physiologie.

Dans ce fait, il n'y a ni préjugé aveugle, ni routine qui aurait cessé d'être justifiable. La raison en est, au contraire, des plus simples : c'est que la seule morale qui ne dépende pas du caprice individuel, ne peut se recommander que d'une autorité supérieure, indépendante de l'homme, et qu'il n'y en a pas, qu'il ne peut pas y en avoir d'autre que le Dieu unique, dont l'existence, d'ailleurs, est établie sur une base beaucoup plus solide qu'aucune des lois que nous faisons ou que nous défaisons journellement, savoir : le suffrage universel de tous les temps et de tous les peuples (1). C'est donc le cas, ou jamais, de se conformer au sage principe de saint Augustin : *In necessariis auctoritas.*

Concluons que l'autorité de l'État, que l'autorité des parents doivent intervenir pour tout ce qui est nécessaire,

---

(1) Voir le livre de C.-C. de Bunsen : *Dieu dans l'histoire*, traduction réduite de A. Dietz, avec notice de Henri Martin.

chacune suivant sa compétence, dans l'enseignement et l'éducation des enfants.

Sous l'influence d'une idée de Dieu saine et haute, inculquée aux enfants de bonne heure, l'âme, et la conscience, qui est l'organe de l'âme, tendraient à s'identifier, et les esprits les moins cultivés s'habitueraient à écouter ces voix intérieures — voix surnaturelles, si l'on veut, mais qui n'en sont pas moins réelles pour cela, puisque nous les entendons quand nous ne refusons pas de les écouter, — ces voix, dis-je, qui les tiendraient en éveil et les rendraient capables de résister aux instincts toujours éveillés de la bête ; tandis que, si on laissait les enfants trop longtemps dans l'ignorance de toute saine idée de Dieu, la bête (c'est, j'imagine, le *diable* de l'ancien langage) tendrait sans cesse à prendre le dessus, et alors, quelque bonnes que fussent les intentions des ministres, des inspecteurs et des instituteurs, il ne resterait bientôt, dans l'esprit de la jeunesse et des masses qui en proviendraient, d'autre morale que la morale de l'intérêt du moment, c'est-à-dire de l'égoïsme plus ou moins bien entendu, morale qui ne profite qu'aux plus forts, aux plus rusés, aux plus habiles ou aux plus prudents, c'est-à-dire, à une sorte d'aristocratie, rarement très recommandable, dont les succès, ou le bien-être matériel sont, pour le reste de la population, une cause redoutable de démoralisation.

L'expérience des siècles a prononcé à cet égard ; la morale utilitaire a toujours été aussi impropre à faire des citoyens vertueux qu'à faire des patriotes capables de dévoûment.

Épicure pouvait être, dans son temps, un savant, un sage, un homme habile et prudent, enseignant, avec éloquence, qu'il est salutaire de se tenir en garde contre l'abus des plaisirs et utile de s'assurer du bon vouloir de ses voisins. Je crois volontiers qu'il a joui personnellement du bénéfice de cette philosophie circonspecte, ses premiers disciples aussi peut-être ; mais tout le monde sait qu'après lui, sa morale sans Dieu n'a pas tardé à porter les fruits qu'on devait en attendre à l'égard du commun des mortels : elle a engendré cette race méprisable qu'on a appelé les *pourceaux d'Épicure*. Ce qui semble certain, c'est que la République romaine n'aurait pas eu quatre à cinq cents ans de gloire et de vertu, si elle avait abandonné le culte de son Jupiter Capitolin, de son Mars vengeur et de sa chaste Vesta, pour adopter l'athéisme, soi-disant scientifique, du très éloquent, très sensé et très sage, dit-on, philosophe athénien. Le peuple de Capoue, qui l'avait pris pour guide—si mes souvenirs classiques ne me trompent point, — n'y a pas gagné beaucoup d'honneur. Gardons-nous de l'imiter !

Je suis donc convaincu que l'État ne saurait encourager les générations nouvelles à se contenter d'une morale indépendante de toute idée de Dieu, sans compromettre l'honneur et l'existence même de la patrie.

Que l'État veille à ce que cette idée soit haute, saine, fortifiante, c'est son devoir ; mais s'exposer, de propos délibéré, à l'affaiblir, à l'étouffer dans le cœur des enfants, ce serait de la forfaiture. A mon sens, l'idée de Dieu n'est pas seulement bonne à conserver dans les écoles ; c'est la première idée sérieuse qu'il importe d'inculquer dans une jeune tête, aussitôt qu'étant devenue capable d'attention et de réflexion, on a lieu de la considérer comme capable de recevoir ce souffle divin qui distingue essentiellement l'homme des animaux, l'Ame, étincelle dont la conservation et le développement ne réclament pas moins de sollicitude que la mémoire et l'intelligence, sous peine de la voir s'éteindre, peut-être à jamais.

Qu'à cet enseignement fondamental on ajoute tout ce qui pourra être mis à la portée d'enfants de six à treize ans, en fait de sciences positives ; qu'on lui donne, par surcroît, une notion succincte des principaux devoirs civiques, qu'on y ajoute même un commencement d'instruction militaire, rien de mieux dans un temps où le revolver, le fusil à aiguille, le canon Krupp et la dynamite sont considérés comme des instruments de civilisation.

Je n'ai garde de faire opposition à tout ce qui sera tenté dans le sens de ce qu'il est utile de savoir, pourvu qu'on le fasse avec mesure, sans étioler la jeunesse par un travail disproportionné avec les forces, soit de son corps, soit de son esprit.

J'admets en effet qu'entre l'idée de Dieu et toutes les con-

naissances imaginables il n'y a pas la moindre incompatibilité; je suis persuadé que plus on sait, plus l'idée qu'on se
fait de la cause première de tout ce qui existe est imposante
et moralisante. Instruisons donc les enfants, tous les enfants
de la République; instruisons-les — obligatoirement, si c'est
nécessaire — de tout ce qu'ils sont capables d'apprendre et de
retenir, en commençant par ce qui est à la fois le plus à leur
portée et le plus salutaire : une saine croyance en Dieu.

Si vous craignez de vous avancer trop en présentant Dieu
aux petits enfants sous le nom consacré pendant dix neuf cents
ans, par la prière : « Notre père qui êtes aux cieux; » s'il
vous coûte de l'appeler encore « le bon Dieu. » comme vous
l'avez probablement fait pendant votre enfance, appelez-le
Dieu tout court, mais avec respect, et n'induisez pas la génération dont vous avez pris charge à penser qu'il n'est plus
permis de parler de Dieu et d'y croire, sans passer pour un
ignorant, un imbécile ou un ennemi de la République,
comme le disent des hommes qui, sans être ni ignorants ni imbéciles, ni même mal intentionnés, servent plus la cause des
anarchistes révolutionnaires, des nihilistes, que celle de la
République. Ils s'imaginent qu'affaiblir les sentiments religieux, et particulièrement le catholicisme, c'est fortifier l'unité
de la France et raviver le patriotisme; c'est une bien grande
erreur: en agissant comme ils le font, ils divisent au lieu
d'unir et ce qu'ils fortifient, ce n'est pas le patriotisme, ce
sont les convoitises et les espérances collectivistes, interna-
tionales et autres, qui sont incompatibles avec la conservation
de la nationalité française. Il semble donc qu'un plus habile
que moi n'aurait pas de peine à faire comprendre que, non
seulement il n'y a pas là moindre incompatibilité, mais qu'il
y a des rapports intimes entre les devoirs envers Dieu — conservateur surnaturel du monde, — et les devoirs envers la
Patrie — être de raison et de sentiment comme Dieu, être invisible et immortel comme lui, mais qui n'en est pas moins
le conservateur naturel du petit monde particulariste auquel
nous attachent notre histoire, notre langue, nos habitudes et
notre invincible amour, toutes choses que nihilistes, anarchistes et internationalistes ne comptent pour rien.

Telles sont les différentes considérations qui me persuadent que la raison, la morale, le patriotisme et la politique s'accordent pour protester contre la déplorable pensée que les républicains de nos jours ont eue de supprimer l'idée de Dieu dans l'enseignement obligatoire des enfants de six à treize ans.

## V

### Tolérance et saine raison.

On me dira peut-être : « Vous oubliez les parents, les philosophes, les hommes politiques qui repoussent toute croyance religieuse ? De quel droit l'État ne tiendrait-il aucun compte, soit de leurs doutes, soit de leurs répugnances ? » Je ne craindrais pas de répondre : « État, État républicain, surtout, c'est-à-dire représentant de tous pour gouverner au profit de tous, et, de plus, s'étant attribué le droit, le devoir de prendre charge de trente-sept millions d'âmes, dont l'immense majorité croit en Dieu, l'État doit considérer comme légitime d'obliger la minorité évidente de ces amants si jaloux de la liberté de leur conscience, à souffrir que la liberté de conscience de la majorité ne soit pas froissée, et surtout qu'elle ne soit pas complètement sacrifiée à leur incrédulité, dont personne, que je sache, ne prétend leur contester la jouissance. »

Si cette minorité est assez infatuée de l'infaillibilité de ses opinions pour se refuser à pratiquer spontanément, à l'égard de la majorité, la tolérance que se doivent mutuellement les enfants d'une même patrie ayant pour devise : Liberté, Égalité, Fraternité, l'État ne doit pas craindre d'imposer aux récalcitrants le premier devoir d'un républicain digne de respect : la Tolérance.

Ne fût-ce d'ailleurs qu'à titre d'enseignement pratique du devoir de tolérance, pour un parti dont la majorité a trop souvent le tort de le méconnaître, ou de n'en user qu'à l'égard de ses amis les plus compromettants, le rétablissement du nom de Dieu en tête des programmes nouveaux serait à recommander, à ceux des républicains patriotes qui tiennent à n'être pas confondus avec les insociables partisans de la doctrine de l'incorrigible conspirateur Blanqui : *Ni Dieu ni maître*.

Il faut remarquer d'ailleurs qu'aux libres-penseurs ou athées qui auraient plus ou moins de penchant vers ce dernier ordre d'idées, justement qualifié par ses sectateurs d'anarchie révolutionnaire, le degré de tolérance qu'on leur demanderait n'aurait rien de plus exorbitant que celui qu'un si grand nombre d'entre eux imposent journellement aux croyants, par ces injures, ces calomnies, ces menaces publiées, affichées, éjaculées partout, contre ce qu'aime ou respecte la partie de la population la plus inoffensive, la plus laborieuse, la plus productive, la plus intéressante par conséquent, et qui n'est pas la moins nombreuse à coup sûr.

Si la majorité passe ses injures à la minorité, c'est bien le moins que la minorité passe à la majorité quelque chose.

Et puis est-il donc si grand, le sacrifice qu'on demanderait à cette minorité d'orgueilleux ou d'aveugles, qui s'obstineraient à repousser de l'école toute disposition supposant l'existence de Dieu ?

Littré appelait Dieu l'*incognoscible,* voulant dire qu'il ne se sentait pas plus capable de le nier que de l'affirmer. Si Littré n'avait pas trouvé de raisons démonstratives pour nier l'existence de Dieu, est-ce que les négations de tel ou tel honnête homme malheureusement privé du sentiment du divin, de tel ou tel journaliste hargneux, ou tel ou tel farouche orateur des clubs, doivent être considérées comme assez décisives, pour qu'il ne soit plus permis de passer outre ? A cause de ces dénégations téméraires, ne serait-il pas plus téméraire encore, de la part de l'État, ne serait-il pas déplacé, inique, de laisser ignorer aux enfants ce que les plus grands esprits ont toujours pensé d'un être reconnu insaisissable, — incognoscible, si l'on veut, — mais dont l'idée, le sentiment sont innés chez l'immense majorité de nos semblables ? Est-ce qu'enfin, parce qu'une petite secte, moins intéressante par elle-même que par quelques personnalités honorables à qui le sens du divin paraît manquer, mais dont on ne saurait contester ni la sincérité, ni les mérites, s'est engagée bruyamment dans un chemin de traverse menant on ne sait où, l'humanité entière doit abandonner la grande route, pour suivre aveuglément des raisonneurs inconsidérés ou des aventuriers?

Je conclus qu'il est très regrettable pour la considération du gouvernement et pour l'honneur du Parlement qu'il s'y soit trouvé un ministère et une majorité républicaine agissant à la fois en athées et en sectaires anti-catholiques, tout en se défendant d'avoir des arrière-pensées irréligieuses et en faisant dire par ses orateurs que c'était simplement par respect de la liberté de conscience qu'ils tenaient tant à rayer le nom de Dieu sur les programmes nouveaux des écoles primaires. Il m'est impossible de ne pas voir là, soit une faiblesse affligeante à l'égard d'amis compromettants, soit une hypocrisie plus inexcusable encore, à moins que ce ne soit, comme je le crains, une complicité bien arrêtée avec les ennemis déclarés de tout sentiment religieux.

Je comprends, je ne désapprouve nullement que l'Etat ait jugé désirable, nécessaire, de rendre l'enseignement créé et dirigé par lui indépendant des ministres des différents cultes qui existent en France; mais je reste convaincu que l'enseignement pouvait être laïque et obligatoire sans donner prise à l'opinion qu'on voulait, avant tout, affaiblir l'influence de la religion, et surtout du catholicisme, en recourant à tous les moyens capables de faire oublier ce qu'on a appelé le Dieu ou les dieux des confessions diverses adoptées par la presque totalité de la population française.

Je dis le Dieu ou les dieux, puisque le mot a été prononcé par des hommes qui se croiraient insultés si on ne les prenait pas au sérieux: véritable querelle d'Allemand d'ailleurs, à laquelle je crois avoir répondu au commencement du chapitre précédent.

La condition de gratuité était, à mon sens, une raison de plus de mettre l'instruction et l'éducation des enfants de la République sous l'invocation de Dieu, parce qu'il est certain pour moi que la majorité de ceux qui en font les frais croient non seulement en Dieu, mais en un Dieu que tous, juifs, catholiques, protestants et philosophes, peuvent avouer.

Je me sens donc pleinement autorisé à penser et à répéter qu'à défaut d'une conscience saine et suffisamment éclairée, la politique, non moins que la raison et la prudence, commandent à tout gouvernement qui veut vivre sans violence, de ne rien faire, en matière d'enseignement, qui puisse affaiblir dans les cœurs français les moins résistants la foi en un Dieu créateur, admis comme l'idéal de toute sagesse et de toute justice, comme l'inspirateur de toute bonne pensée, et même, pour ceux qui en sentent le besoin, comme le rémunérateur de toute bonne action.

Supprimer l'idée de Dieu, c'est répudier l'âme qu'il nous a donnée, c'est déchaîner la bête humaine—la plus redoutable de toutes les bêtes, parce qu'elle est la plus intelligente, — c'est engager le pays en plein dans l'anarchie révolutionnaire, qui a déjà son drapeau et ses soldats, prêts à se croire autant de droit à supprimer tout gouvernement, et jusqu'au nom de France, que le gouvernement s'en est attribué pour supprimer le nom de Dieu et conspirer la ruine des églises.

Les efforts, les sacrifices faits pour mettre l'instruction à la portée des moindres hameaux et de tous les enfants de la génération qui nous suivra, méritent les plus grands éloges, et l'on ne pouvait pas inaugurer plus dignement le rétablissement d'une république qui vise à être définitive ; mais ces efforts seraient funestes, ces sacrifices seraient profondément regrettables, s'ils avaient pour conséquence de laisser ignorer l'idée de Dieu à la génération qui nous succédera et de lui faire prendre en dédain tout sentiment religieux.

Si elle devait rester façonnée à ce régime, l'ancienne patrie française aurait fini avant l'avènement du vingtième siècle.

## VI

### Ni Dieu ni Christ. — École neutre.

Dieu écarté, on ne pouvait pas souffrir plus longtemps, dans les écoles de la République, l'image du Christ, cet ignorant, ce plagiaire, ce réactionnaire, ce jésuite de Jésus, qui, jusqu'à nos jours, pendant près de deux mille ans et dans le

monde entier, avait été appelé fils de Dieu, ayant mérité
cette sublime distinction par la pureté parfaite de sa vie,
par l'incomparable élévation de sa morale, et par la surhumaine dignité de sa mort.

Parmi ces empereurs romains que le monde connu du temps
de Jésus s'accordait à qualifier du titre de divins, en est-il un
seul, même Marc-Aurèle le consciencieux, le mélancolique
stoïcien, qui ait aussi bien mérité que le Christ d'être déifié
dans l'opinion des peuples ? Pas un, à coup sûr, ni aucun autre
homme d'aucun temps ; car c'est l'humanité entière que le
Christ a aimée tendrement, comme une mère ses enfants, tandis
que c'était leur dignité personnelle, et même leur orgueil,
que les plus respectables stoïciens aimaient avant tout. Ils le
faisaient bien voir en se suicidant sans scrupules.

Néanmoins, voilà Jésus-Christ mis hors la loi, comme suspect de modérantisme sans doute, car il est difficile de lui reprocher autre chose. Aussi la suppression du nom de Dieu
n'était pas encore votée que, pour complaire à ceux qui s'imaginent être, et qui, en toute occasion, se proclament les seuls
amis de la liberté, les seuls défenseurs de la dignité humaine,
les seuls vrais républicains, on jetait à bas les crucifix, à
Paris et ailleurs, en pleine classe, sous les yeux des enfants.

Tout en me croyant aussi ami que personne de la liberté,
de la dignité humaine et du progrès, et sans prétendre me
prévaloir de ce que, le jour où la Constitution fut votée à la
majorité que l'on sait, ma voix a été plus utile à la République que celle de plus d'un de nos soi-disant seuls vrais républicains, — dont quelques-uns s'en disent même les sau-
veurs pour avoir participé à la Commune — les actes
commis à l'époque dont il s'agit, dans les écoles de Paris,
me semblent être, soit de la part de ceux qui ont ordonné
ces actes, une méprisable ostentation de courtisanerie,
soit un accès spontané de sauvagerie, commune au chef
et à ceux qui l'inspiraient. Mais il faut y prendre garde :
si l'on n'y mettait ordre, cette sauvagerie pourrait passer
à l'état endémique chez un peuple qui, naturellement doux
et tolérant, quoique gouailleur, est, à ses heures, ergo-
teur et batailleur — comme un Gaulois qu'il est — et se

laisse alors entraîner à toutes les aberrations, à toutes les violences imaginables, pour peu que l'exemple lui en soit donné par n'importe qui. Tel mot d'un passant lui fera, aujourd'hui, porter un prêtre en triomphe; tel autre mot le lui ferait mettre à la lanterne, demain, sans plus de souci que s'il s'agissait d'un chien enragé.

Au sujet de la suppression des crucifix dans les écoles publiques, qu'on entendait rendre neutres, j'aurais compris qu'on y fût porté par des considérations d'égards pour ceux de nos compatriotes, juifs ou calvinistes, qui n'admettent pas l'image du Christ dans leurs temples, les uns par respect pour la mémoire de leurs ancêtres qui condamnèrent Jésus, comme révolutionnaire, au supplice des criminels les plus méprisables, les autres par respect d'un texte du Décalogue, que les races gréco-latines, d'où nous tenons notre civilisation, ont toujours regardé comme n'ayant plus son ancienne raison d'être. Mais cette considération, défendable au point de vue de la Fraternité, qui figure dans notre symbole républicain, aurait dû imposer des égards non moins grands pour la majorité catholique, habituée depuis des siècles à révérer dans le crucifix ce qu'elle appelle le signe de sa rédemption.

Loin de là. Au lieu d'avoir pour les catholiques les égards dont juifs, calvinistes et libres-penseurs étaient l'objet en apparence, on les a blessés tous, en témoignant du mépris pour leurs sentiments les plus intimes.

L'abatage des crucifix n'a donc pas été dicté par des intentions libérales et fraternelles : ce n'a été autre chose qu'une éclatante déclaration de guerre à la majorité catholique, un acte de haine de la part de sectaires politiques ennemis de tout sentiment religieux.

C'est à ce titre que je considère ces mesures comme compromettantes pour la République, et impolitiques par conséquent.

Je n'ignore pas qu'en habiles avocats qu'ils sont, les défenseurs officiels des différentes lois ou mesures réclamées par la minorité du parti républicain, et adoptées docilement par la majorité, ont pris soin de se prévaloir de l'exemple de

peuples très sincèrement chrétiens, qui—avec beaucoup plus
de ménagements d'ailleurs—nous avaient devancés dans la
voie de l'école neutre en matière religieuse ; mais je sais
aussi que, chez ces peuples, de races fort différentes de la
nôtre, plus calmes, plus réfléchis, beaucoup plus fidèles aux
traditions de leurs ancêtres, et divisés, en outre, en un plus
grand nombre de sectes religieuses, toutes fort ombrageuses
à l'endroit de leurs dogmes particuliers, je sais, dis-je, que,
chez ces peuples, les parents s'occupent personnellement de
l'éducation de leurs enfants, avec une sollicitude et une conviction qu'on ne rencontre malheureusement pas toujours
en France, pas plus dans les villes que dans les campagnes.
Avec des habitudes aussi scrupuleuses et un esprit aussi
jaloux, les différentes sectes de ces pays ont pu s'accorder
spontanément pour réclamer le silence, dans les écoles publiques, sur tout ce qui aurait, de près ou de loin, un caractère confessionnel, et toucherait ainsi à des dogmes dont
l'État ne doit pas connaître. Tout le monde y trouvant son
compte, le sentiment religieux du pays n'en a pas souffert.

Mais en est-il de même en France ?

Chez nous, le peuple le moins formaliste qui existe, pour
qui l'intention, l'esprit comptent plus que la lettre, et dont
le moindre défaut est d'approfondir une question quelconque,
on n'avait à craindre ni la diversité extrême des sectes religieuses, ni leurs scrupules, ni leurs susceptibilités, encore
moins ce fiel imputé aux dévots par un fort bon chrétien du
dix-septième siècle : de sorte que ce ne sont pas les égards
dus aux sentiments des croyants qui pourraient justifier ce
qui a été fait.

Malgré donc des protestations qui n'ont convaincu personne, ç'a été, comme je l'ai dit plus haut, un abus de pouvoir
des élus d'une minorité du corps électoral, une véritable
déclaration de guerre à la religion de la majorité, et à la
religion chrétienne en général. Or, en même temps que la
tournure d'esprit signalée plus haut, où nous puisons notre
réputation d'amabilité française, nous avons plus qu'un
défaut — c'est une triste infirmité, originelle peut-être,
mais bien aggravée par la consolidation de la monarchie

sous Louis XIV, — nous avons pris la mauvaise habitude de tout attendre du gouvernement. Il s'ensuit que ce que le gouvernement, l'autorité en général délaissent ou dédaignent, risque fort d'être bientôt délaissé ou dédaigné de la partie moutonnière de notre population. Et puis, il ne faut pas craindre de le dire, nos campagnards sont économes, et, en leur faisant croire que la suppression du budget des cultes diminuerait considérablement les impôts qui augmentent de jour en jour, bon nombre d'entre eux seraient capables de faire l'économie de leur curé, sans consulter la ménagère et sans se douter que, de l'économie promise, il ne leur reviendrait jamais rien.

Ce sont ces infirmités, ces faiblesses du gros de nos populations urbaines et rurales, qui font, à mon sens, le très grand danger de la situation actuelle.

Avoir profité de ces défauts de solidité du peuple français pour l'entraîner subrepticement dans la voie de l'incrédulité, c'est, selon moi, un abus de pouvoir impardonnable de la part d'hommes aussi peu sûrs du lendemain que le sont des élus d'un suffrage universel, qui ne représentent à peu près point la partie de la population la plus intéressée à l'ordre d'idées que je voudrais voir défendre par de plus habiles que moi. Je le voudrais non moins dans l'intérêt de millions d'âmes chrétiennes qui subsistent en France, que dans l'intérêt même de la République.

Il ne m'a pas échappé non plus que les ministres chargés de défendre les lois en question ont cru rassurer les familles chrétiennes, contre les abus que certains instituteurs ou autres agents libres-penseurs, peu enclins à la tolérance, pourraient faire de la liberté de conscience entendue comme elle l'a été par la majorité de nos deux Chambres : les ministres, dis-je, ont protesté contre toute idée d'intolérance, promettant de ne souffrir dans les écoles aucune manifestation irréligieuse. Comme garantie de leur parole, ils ne pouvaient pas donner la stabilité de leur pouvoir personnel — on sait trop ce que dure le ministre le mieux intentionné sous un régime parlementaire aussi inconsidérément combiné que l'est le nôtre à cet égard — ils ont invoqué les sentiments spiritualistes du corps universitaire en général, masse peu homogène, mais assez bien assise en effet. Seulement, le spiritualisme n'ayant jamais figuré, que je sache, dans les catéchismes qui ont cours en France, il est permis de douter que la très grande majorité des parents aient été capables de savoir ce qu'il fallait penser de cette garantie. En tout cas, cette garantie a dû être jugée bien insuffisante par le petit nombre de ceux qui se sont rappelé que le plus spiritualiste des philosophes du dix-huitième siècle, auteur d'un traité célèbre sur l'éducation, qui a fait les plus belles phrases du monde sur Dieu, sur Jésus-Christ, sur la nature, sur les mères et sur les droits des peuples, que le sensible J.-J. Rousseau a trouvé dans son inépuisable magasin de raisonnements tout ce qu'il fallait pour se débarrasser successivement sur l'hôpital, de ses enfants, sans que sa conscience de père, de philosophe et de pédagogue ait paru souffrir le moins du monde de cet abandon.

Cependant, dans une situation pareille, le moins dégrossi des Hurons, le matérialiste le plus forcené, n'aurait-il pas agi en père plus recommandable ?

Il faut donc reconnaître que, même parmi les penseurs les plus sérieux, et à plus forte raison, parmi des esprits simplement littéraires, parmi des humanistes, des philosophes ou des savants par état, parmi surtout de pauvres instituteurs de vingt ans, il pourra se rencontrer plus d'une conscience disposée à se payer de raisonnements assez faux pour réduire à néant les meilleures intentions des ministres, des préfets et des inspecteurs ; les uns et les autres fussent-ils plus libéraux que les promoteurs des lois et des mesures dont il vient d'être question ; ce qui n'arrivera certainement pas toujours.

Que le corps universitaire pardonne cette crainte à un ingénieur, à qui son métier de mineur a appris que, même dans un gisement de diamants, il s'en trouve de jaunes, de troubles et de complètement noirs.

C'est sans doute de ces consciences mal dégrossies, faussées, qu'entendait parler Pascal, quand il écrivait : « Jamais on ne fait le mal si pleinement que lorsqu'on le fait par conscience. » Or qui pourrait dire combien il s'en trouvera, à un moment donné, de ces consciences dévoyées, dans l'armée de fonctionnaires de tous les degrés qui auront la haute main sur la direction journalière des écoles primaires? Je l'ignore; mais il y en aura plus d'une, parce qu'il s'en trouve partout et toujours, dans la moindre agglomération d'êtres de notre espèce.

Eh bien ! j'estime que les consciences de cette qualité ne méritent nullement tous les sacrifices qu'un trop grand nombre de personnes considérables du parti républicain sont trop promptes à leur faire, de notre temps, au nom de la liberté, soit par un excès de confiance dans l'infaillibilité de leur propre jugement, soit par faiblesse, ou soit par quelque sentiment plus regrettable encore.

Pourquoi donc s'étonner que l'esprit général des lois relatives à l'instruction primaire obligatoire ait provoqué des appréhensions très vives dans la masse des familles chrétiennes, même dans celles qui s'abstiennent de la politique, soit qu'elles aient autre chose à faire — c'est la majorité, — soit faute d'y rien voir de bien clair ou, parfois même, de bien propre, quand il leur arrive d'y regarder d'un peu près ?

Notre bon pays de France est plein de ces familles étrangères aux rivalités et aux convoitises des partis, plus occupées de leurs affaires et du gouvernement de leur intérieur que des faits et gestes des partisans de la branche aînée, de la branche cadette, ou d'un Bonaparte quelconque. Elles en ont tant vu, de ces souverains prétendus héréditaires, sans avoir trouvé de bonnes raisons de préférer l'un à l'autre, qu'ayant pris leur parti d'une stabilité reconnue chimérique, elles consentent volontiers à essayer de la République, pourvu que la République les laisse tranquilles. Aussi, j'en suis convaincu, c'est à tort que les défenseurs des lois nouvelles ont prétendu que les appréhensions, les inquiétudes dont je parle sont généralement imaginaires; que, là où elles se manifestent exceptionnellement, ce sont de simples prétextes d'opposition contre la Révolution française en général, et plus particulièrement contre le régime républicain actuel. Grande erreur: je tiens pour certain que ce qu'on appelle la Révolution, c'est-à-dire la grande œuvre des

Constituants, si libéraux et si désintéressés de 1789, n'a plus d'autres adversaires en France que la petite phalange des Français restés fidèles quand même au principe légitimiste. Ceux-là, d'ailleurs, nous ne sommes guère en droit de leur en vouloir à ce sujet, car il faut bien reconnaître que, jusqu'à présent, abstraction faite des fautes de la fin, qui ont amené successivement la chute de Charles X, de Louis-Philippe et du Napoléon soi-disant III, le régime républicain n'a rien fait, de son coté, qui oblige ses adversaires à le considérer comme supérieur aux errements ordinaires des régimes précédents, c'est-à-dire, à l'état normal du régime monarchique, constitutionnel ou autre.

Quoi qu'il en soit, ce sont les partis monarchiques seuls, ou à peu près seuls, que l'on pourrait accuser de parler, d'écrire et d'agir, à propos des écoles de l'État, dans un esprit d'hostilité au régime existant; tandis que c'est l'immense majorité des Français, — nullement hostile jusque-là, — qu'on a frappée en chassant de l'école laïque Dieu et le Christ.

Donc, indépendamment des croyants monarchiques, qui ne constituent guère qu'un état-major sans armée, les lois nouvelles ont atteint et sérieusement inquiété le reste des croyants chrétiens, et ce reste n'est pas moins que l'incontestable majorité de nos trente-sept millions d'âmes, dont la plus grande partie vote peu ou point, mais qui, tout en étant aussi exempte de fanatisme religieux que de passions politiques, se tient au courant de ce qui se passe, y pense, et juge, dans son for intérieur, les ministres, les faiseurs de ministres, et, par occasion, les entrepreneurs d'élections.

On a eu grand tort de ne tenir aucun compte de ces jugements sans bruit. Ç'a été aussi injuste qu'impolitique.

Le précepte *quieta non movere* est sage en tout temps et sous tous les régimes; à plus forte raison, sous un régime naissant. Ç'a donc été plus que téméraire, ç'a été insensé de provoquer sans nécessité, sans utilité, des inquiétudes au sein d'une population paisible, qui avait accueilli la République sans la moindre opposition, et qui n'aurait pas mieux demandé que de lui voir entreprendre et réaliser des améliorations sérieuses, dont l'étude n'est pas même commencée quand la République compte déjà douze années d'existence!

## VII

### Enseignement civique. — Enseignement chrétien.

Et comment pourraient-elles n'être pas inquiètes, ces femmes, ces mères chrétiennes, véritables conservatrices de notre race française, si dignes d'intérêt, à tant d'égards, qui forment une masse aussi nombreuse et non moins respectable, à coup sûr, que le corps électoral tout entier, sans participer en rien à la préparation et à l'adoption des lois qui les touchent le plus? Aussi bien dans les villes que dans les campagnes, des millions de ces femmes, de ces mères, supportent la plus lourde charge du poids de la vie, sans prendre part — très heureusement d'ailleurs pour elles, comme pour la dignité et l'honneur de notre nation — aux grossières distractions de leurs maris : la pipe, le cigare, l'absinthe, le billard, les paris, les cabarets, les brasseries, les cafés, les clubs ou les cercles, etc. La masse honnête et laborieuse de ces femmes n'a recours, habituellement, qu'au sentiment du devoir, au courage, à la patience, à la résignation et à l'espérance, dont elles ont si grand besoin pour accomplir consciencieusement leur tâche journalière d'épouses, de mères et de ménagères. Toutes, à bien dire, toutes, à l'imitation des ascendantes qui les ont élevées, continuent de croire en un Dieu tout-puissant, souverainement sage et souverainement juste, qu'elles se plaisent à appeler tout simplement le *bon Dieu*, sans avoir jamais pensé à disserter ni sur son essence, ni sur ses attributs, ni sur ses desseins, ni sur sa justice. Aussi l'humble prière quotidienne au pied de leur lit et le recueillement du dimanche à l'église sont-ils toujours leur soutien et leur consolation principale. Si, en outre, de temps à autre, le curé ou la sœur de charité, leur disent amicalement, en passant, quelque douce parole, les voilà réconfortées pour plusieurs semaines.

Que doivent-elles penser, ces femmes, ces mères si intimement mêlées à notre corps électoral, quand il leur revient que les dignes filles de saint Vincent de Paul sont chassées,

non seulement des écoles de filles, mais des salles d'asile et
des hôpitaux; que le clergé catholique tout entier est mis à
l'index, presque hors la loi, à titre d'étranger à la patrie
française; que les croix des chemins, qu'elles avaient coutume de saluer en mémoire de l'ami le plus sûr des
cœurs purs, des pacifiques, de ceux qui souffrent, sont ou
enlevées comme une sorte d'immondices, par ordre de l'autorité municipale, ou brisées par des mains sauvages; qu'il
aurait même été question de transformer les églises en lieux
d'assemblées banales, à l'usage de quiconque voudrait en
payer la location à la commune, pour y politiquer, prier ou
rigoler indifféremment (ainsi le veut, paraît-il, la liberté de
conscience); que l'on voit journellement s'établir des ménages
où la femme a été prise comme à bail, avec des formalités
tout au plus aussi sérieuses que pour une pièce de terre,
par-devant un monsieur plus expéditif qu'un notaire et
souvent bien moins solennel, les deux parties comptant que,
grâce au divorce, il deviendra loisible de se séparer, du jour où
l'on prouvera que l'affaire est plus lourde que profitable aux
conjoints; qu'aussi bien pour les enterrements que pour les
mariages, des hommes ayant, jusque-là, mérité la considération générale, affectent de ne plus mettre le pied dans les
églises, devant témoins de leur coterie politique, lors même
que c'est à l'intention des membres les plus proches de leur
famille que s'y célèbrent les cérémonies religieuses en usage
depuis que la France est France; que, dans les écoles — qui
ne sont plus celles que les parents avaient choisies, et qui
sont devenues obligatoires, — les enfants désapprennent le
« Notre Père qui êtes aux cieux, » et qu'enfin, au nom, toujours, de la liberté de conscience, il est défendu de rien dire
de ce qui touche à l'instruction religieuse, pas même de ces
parties essentielles de l'enseignement chrétien que juifs,
catholiques et protestants ont adoptées de temps immémorial et conservent avec un égal respect?

De la Bible, des Évangiles, du catéchisme, rien n'est plus
toléré, rien, par conséquent, de ce qui a constitué pendant
des siècles à peu près tout l'enseignement moral de la nation
française. La raison de cette interdiction a été donnée sans

détour par un grand maître possible de l'Université : c'est que « l'enseignement religieux devient fatalement l'école de l'imbécillité, l'école du fanatisme, l'école de l'anti-patriotisme et de l'immoralité. » Cependant notre Jeanne d'Arc n'en avait pas reçu d'autre, et je doute que les plus ardents partisans de l'instruction laïque intégrale parviennent jamais à répandre dans les plus petits hameaux de France, comme ils le demandent, d'aussi vifs sentiments de patriotisme, de moralité et de dignité, que ceux qui animaient cette sainte fille : sainte entre toutes assurément, car, si jamais être humain a été inspiré de Dieu pour le bien de son pays, c'est bien Jeanne d'Arc.

Voilà donc, pour l'avenir, ce qu'exigerait la liberté de conscience, si les prétentions de ses défenseurs prévalaient en France d'une manière définitive. Espérons qu'on en reviendra.

Jusqu'à présent, je m'étais toujours cru partisan résolu de l'État laïque, plus libre-penseur que clérical, même avec un certain éloignement instinctif pour l'ensemble de l'esprit de l'Ancien-Testament, pour lequel je n'ai jamais ressenti la sympathie que m'inspire l'esprit de l'Évangile. Néanmoins, jamais je n'avais pensé qu'il y eût péril pour la République à donner à nos enfants de six à treize ans un aperçu du récit biblique de la création du monde, par exemple. Je croyais, au contraire, qu'on pouvait très utilement commencer par là leur instruction morale, sauf à leur traduire, en langage de nos jours, cette si intéressante légende chaldéenne, que Moïse a adaptée au Dieu unique d'Abraham. On le pouvait d'autant mieux que, dans la première partie, toute de fait — ou scientifique, si l'on veut — cette légende, bien que datant d'environ quatre mille ans. n'a encore, dans son ensemble, rien qui ne puisse être présenté comme suffisamment conforme au gros des connaissances cosmologiques et géologiques généralement admises aujourd'hui (1).

---

(1) Voir plus loin, page 72, la démonstration de ce que je suis en mesure d'avancer sans prendre, avec le texte sacré, d'autre liberté que de traduire en langage d'instituteur d'enfants de l'an de grâce 1882, à Paris, le style oriental de l'historiographe d'un homme bien inspiré, à coup sûr, qui vivait plus de quatre mille cinq cents ans avant Werner, Laplace, Élie de Beaumont, Lyell et autres.

La seconde partie — qu'on pourrait appeler morale, ou mythique, si l'on veut — n'est pas moins digne d'intérêt, parce qu'il est possible d'en tirer plus d'un sujet d'enseignement élevé.

Dans le maintien de ces parties traditionnelles de l'enseignement religieux, je verrais le très grand avantage d'initier les enfants — sous une forme merveilleusement bien appropriée à la simplicité poétique de leur esprit — à quatre ordres d'idées qu'il importerait plus que jamais de leur inculquer de bonne heure, tant est grand le besoin de notre pays de se relever moralement. Ces quatre ordres d'idées sont :

1° La ferme croyance en un Dieu tout-puissant, bienveillant pour l'homme, mais qui ne lui a donné pouvoir sur le reste de la création qu'en lui imposant le devoir de s'en rendre digne, en se gouvernant lui-même avec sagesse.

2° L'homme rendu capable de sagesse par Dieu, qui, en le créant à sa ressemblance, lui a communiqué une émanation, une étincelle, un reflet de sa propre splendeur, qu'on appelle l'âme, privilège dont le Créateur nous décore tous, pour nous aider à résister aux instincts égoïstes de la bête qui est inévitablement en nous, dans les meilleurs comme dans les pires. Avec l'âme, Dieu nous a donné à la fois le sentiment de ce qui est bien et de ce qui est mal, et la liberté de choisir, à nos risques et périls : ce qui nous laisse entièrement le mérite et l'honneur du bien que nous pouvons faire, si nous le voulons.

3° Le mariage institué par Dieu lui-même, institution sacro-sainte, qui fait du père et de la mère une seule et même personne, chargée de peupler la terre d'êtres capables d'y continuer l'œuvre providentielle du progrès en toutes choses.

4° L'obligation de travailler imposée à tous et constituant ainsi l'égalité et la solidarité humaine; tandis que la fraternité découle du peuplement de la terre par un couple unique, Adam et Ève, fait que la science peut mettre en doute, sans être en mesure de le nier, mais que la politique et la philosophie ne doivent pas rejeter, comme indigne d'être mentionné dans les écoles primaires, sans s'exposer à manquer de l'argument le plus capable de rapprocher un jour les hommes et les peuples, à titre de frères.

A mon sens, ces quatre ordres d'idées, expressément formulés au début de la Genèse, sont les principaux titres de noblesse qui distinguent essentiellement l'espèce humaine des autres êtres vivants. Ils se trouvent exprimés là d'une manière saisissante et pleine d'autorité. On aurait donc grand tort de se priver d'un secours aussi puissant et aussi éprouvé; car la morale indépendante de tout esprit religieux — la décorât-on d'un brevet de civisme ! — ne sera jamais capable d'être implantée aussi facilement, aussi sûrement et aussi profondément dans le cœur et l'esprit des enfants, par des considérations soi-disant scientifiques ou politiques, que pourrait l'être la morale sans phrases, en la faisant découler à la fois du Dieu sévère de la Genèse et du Dieu paternel de l'Évangile.

C'est pourquoi je suis convaincu qu'au lieu de prétendre changer la vieille morale, on aurait mieux fait de s'étudier à en améliorer l'application, en la rendant plus sérieuse et plus générale. On ne saurait se dissimuler, qu'il reste, malheureusement, beaucoup à faire de ce côté, et l'Évangile, qu'il ne faut pas craindre d'appeler le saint Évangile, est loin d'avoir produit tout le bien qu'on pourrait en tirer.

Ce n'est pas seulement aux républicains, aux positivistes, aux matérialistes et aux athées que je me permets de soumettre cette opinion. Catholiques, protestants, juifs et conservateurs de toute espèce pourraient également en faire leur profit, et moi tout le premier.

On ne s'étonnera donc pas si, républicain et libre-penseur, je reste convaincu que, même au point de vue spécial de la stabilité de la République et de l'intérêt démocratique, l'omission du nom de Dieu et l'abandon d'un choix judicieux de morceaux de l'Histoire Sainte dans l'enseignement public des enfants doivent être condamnés, comme une faute des plus regrettables, non seulement à l'égard de cette partie si importante de la population qui ne peut pas n'en avoir pas été blessée dans ses sentiments intimes, mais même à l'égard de la France entière et de son avenir.

Ne craignons pas de le dire et de le redire : si les lois nouvelles et tant d'autres mesures, idées et tendances révolutionnaires, qui sont dans l'air, avaient pour résultat de faire que la population des villes et des campagnes cessât d'être chrétienne, notre malheureux pays, découronné de son ancien prestige par le derniers malheurs, ne tarderait pas à être mis au ban du monde civilisé, et, si le peuple français en venait à être non seulement positiviste, mais assez résolument matérialiste pour penser et agir en athée, on verrait bientôt l'immense population mahométane, elle-même, se joindre aux peuples chrétiens pour nous accabler de son mépris. Oh! alors, la chose est bien sûre, nous n'inspirerions plus de jalousie à personne, pas plus à nos voisins de l'est qu'à ceux du sud; mais, en même temps, nous ne leur inspirerions plus de crainte : ils pourraient désormais dormir bien tranquilles, et notre pauvre patrie, de son côté, n'aurait plus à se préoccuper des faits et gestes de ceux qui nous font l'honneur, aujourd'hui, de nous appeler l'*ennemi héréditaire !* Ils n'auraient plus qu'à nous laisser mourir. L'ennemi héréditaire aurait en effet réalisé le rêve des anarchistes révolutionnaires : ni Dieu ni maître. Exclusivement occupé désormais de régler, à coups de revolver et de dynamite, les différends entre bourgeois et ouvriers, le peuple français se détruirait lui-même en peu de temps, sans qu'Allemands ou Italiens eussent à sacrifier les os d'un seul grenadier poméranien, ni la peau d'un seul bersagliere irrédentiste.

Dieu seul peut savoir ce qui resterait de la vieille France, après cette radicale et dernière révolution.

Voltaire, qui n'avait, des intérêts de son pays, qu'un assez médiocre souci, et qui se préoccupait moins encore de l'avenir d'une démocratie quelconque, Voltaire semble avoir eu néanmoins le sentiment du danger que courrait un peuple qui se laisserait envahir par l'athéisme. Il est de lui ce vers célèbre :

Si Dieu n'existait pas, il faudrait l'inventer.

## VIII

### Athéisme officiel. — Guerre au Catholicisme.

Il n'est nullement nécessaire d'inventer Dieu ; il existait avant que notre petit globe fût à l'état de terre, et il existera encore, avec sa toute-puissance, quand toute vie sera éteinte sur le point de l'espace infini que nous habitons. Oui, Dieu existe clairement pour qui ne veut pas obstinément étouffer la voix de sa conscience et fermer les yeux à la divine harmonie de l'univers. Il suffirait donc qu'aucun homme digne de ce nom ne se laissât plus aller à vouloir absolument se faire plus bête à quatre pattes qu'il ne l'est, en reniant le privilège qui nous distingue des animaux, l'âme, c'est-à-dire la trace, le témoin du souffle divin auquel l'homme doit son titre de Roi de la création.

Que de malheureuses taupes vivant dans une nuit perpétuelle, au milieu du sable, du fumier, des racines et des vers, ne se doutent pas qu'il y ait rien au delà, ni soleil, ni fleurs, ni fruits, passe! mais nous, qui, sans le comprendre, savons que l'infini existe dans l'espace et dans le temps, et qu'il est peuplé de mondes finis, tous ordonnés si merveilleusement qu'ils se meuvent dans le vide sans confusion, pourrions-nous méconnaître la nécessité d'un ordonnateur souverain non seulement de notre petit monde, mais de l'infini et de ses merveilles?

Admettrions-nous qu'une horloge d'une telle magnificence existât sans un horloger — pour employer encore un mot du limpide Voltaire?

Cependant, ce ne sont pas seulement les enfants perdus de la démocratie qui donnent cours aux opinions si dangereuses sur lesquelles je tâche d'appeler l'attention ; c'est le parti républicain presque tout entier qui s'évertue sans cesse, chacun à sa manière et selon son pouvoir, à détruire tout ce qui touche à l'idée de Dieu. Les moins téméraires, les plus indépendants, les plus désintéressés eux-mêmes, s'il leur arrive d'être accusés par leurs électeurs de n'avoir pas encore mis la main à la démolition, trouvent bien rarement à

répondre autre chose que : « Patientez ; nous ne reculons
que pour mieux sauter. » Et c'est vrai pour beaucoup d'entre
eux ! En ceci, ils pensent ce qu'ils disent.

Tout semble, en effet, prouver que les différentes
variétés de démolisseurs que nous voyons à l'œuvre ne diffèrent guère entre elles que sur une question d'opportunité,
c'est-à-dire sur le moyen le plus sûr et sur le moment le
plus favorable au succès. Les uns sont des démolisseurs
anarchistes, prétendant faire table rase de tout, les autres des
démolisseurs politiques, qui s'imaginent borner la démolition
à ce qui gêne leur vue ; les premiers impatients d'opérer
eux-mêmes, les autres trouvant plus commode de faire
faire légalement la besogne par les gendarmes, *manu militari*,
comme ils disent, dans ce langage qu'on accusait autrefois de
braver l'honnêteté et qui se trouve admis aujourd'hui dans
le vocabulaire libéral.

Combien n'y en a-t-il pas, des uns et des autres, au Sénat
et à la Chambre des députés, de ces démolisseurs plus ou
moins conscients, dont les plus raisonnables se flattent de ne
combattre que des abus, tandis que ce sont les bases mêmes
de l'ordre social qu'ils sapent avec acharnement, tout comme
les anarchistes révolutionnaires, dont ils sont les pionniers
bénévoles : ils ouvrent la brèche par où l'ennemi entrerait,
si de bons citoyens ne s'empressaient pas de la fermer.

Je suis loin de le trouver parfait, tel qu'il est, notre pauvre
ordre social, et j'entrevois plus d'une amélioration à essayer ;
mais il n'est pas douteux, pour moi, qu'en commençant par
le renverser de fond en comble, comme les uns le voudraient,
et comme les autres le laissent faire peu à peu, sans le vouloir, disent-ils, on renverserait du même coup la République :
heureux si la France elle-même ne restait pas enfouie sous
les décombrès !

Pour prévenir la ruine d'un édifice vieilli, on mine ses
fondations, au lieu de les fortifier, comme ce serait nécessaire
et urgent.

Même au Sénat, au sage Sénat, nous avons entendu
l'homme du monde le plus sympathique, à bien des égards,
un vieillard qui honore son parti par des actes dignes de

saint Vincent de Paul, et qui ne paraît pas se douter que c'est de l'âme de sa très digne et très pieuse mère — de Dieu par conséquent — qu'il tient ses vertus; nous l'avons entendu s'écrier, dans une séance solennelle : « Je suis athée ! » et cela, en face du ministre de l'instruction publique et des cultes, qui ne s'est pas cru en droit de protester contre cette manifestation, non pas d'un simple membre de l'Assemblée, mais d'un représentant de la majorité du Sénat; car cette profession publique d'athéisme émanait du président de la Commission des écoles primaires obligatoires, dont on discutait les propositions.

Quelques jours plus tard, à la Chambre des députés, un des plus éloquents orateurs de la gauche extrême, vieux lutteur digne aussi de considération par l'ardeur et la sincérité de sa foi politique, rejetait sur les suites de ce qu'il appelait une mauvaise éducation, l'exclamation qui lui était échappée dans le feu de son improvisation : *Mon Dieu !* Et promettait de se garder à l'avenir d'un pareil *lapsus linguæ.*

Vers la même époque, renchérissant sur un mot qui, lui, n'était pas un *lapsus linguæ,* mais bel et bien un sujet de *platform* prémédité — qui reste à l'ordre du jour plus que jamais, malgré la mort de son auteur, — un écrivain nouveau publiait un livre ayant pour titre : *Dieu, voilà l'ennemi!* Si l'auteur n'avait ni la notoriété ni l'autorité du sénateur et du député dont il vient d'être question, il n'en mérite pas moins d'être cité après eux, car son œuvre fut accueillie avec la plus vive approbation par de grands journaux représentant l'opinion d'un groupe de députés, avec lequel tout ministère qui désire vivre plus que ne vivent les roses, est obligé de compter. Non seulement l'organe principal de ce groupe approuva et recommanda le livre dont il s'agit, mais il le fit avec une réserve aggravante, à savoir que, pour commencer, la guerre à Dieu est de bonne guerre, mais que, grâce à la diffusion de l'instruction laïque, gratuite, obligatoire et intégrale, la France ne tardera pas à reconnaitre que Dieu n'existe pas, que c'est une pure illusion des âges passés, dont la science moderne n'avait pas ouvert les esprits.

Voilà donc réédité, aux applaudissements de ceux qui se

proclament les seuls vrais républicains, la boutade de Proudhon, ce grand tireur de coups de pistolets : « Dieu c'est le mal ! »

Le mal, c'est l'homme sans Dieu, sans l'âme, qui est en nous le représentant immortel de Dieu. Le mal, c'est la bête dont nous sommes faits, la bête avec tous ses instincts purement matérialistes : l'égoïsme, l'envie, la paresse, la luxure, la férocité, et, par-dessus le marché, l'orgueil, que les animaux ne semblent pas connaître et que l'idée de Dieu peut seule tourner chez l'homme au profit de sa dignité. Le mal, en un mot, c'est l'ange déchu, c'est le Diable des anciens temps.

Il va sans dire que, si Dieu est vilipendé ou renié, les prêtres ne sont pas ménagés. Catholiques, protestants, juifs, tous y passent indistinctement. Seuls, jusqu'à présent, les mahométans africains paraissent trouver grâce auprès des ennemis de nos différents cultes nationaux, comme si, à leurs yeux, le charme du paradis de Mahomet compensait le danger de l'idée de Dieu.

Par la presse, par la parole, par les images, le clergé catholique est plus particulièrement livré, chaque jour, à la haine, ou, tout au moins, à la risée publique. Pour un coupable — car il s'en rencontre, et cela n'est point étonnant, puisque les prêtres sont hommes, — pour un coupable, dis-je, mille parfaitement dignes de respect sont signalés comme pires que pestiférés, et l'on a entendu récemment un savant très distingué, qui, ministre des cultes une première fois, pourrait le redevenir, dénoncer évêques, curés et vicaires à des vignerons de Bourgogne, comme un phylloxera plus redoutable que celui qui menace leurs vignes d'une ruine complète.

Il est vrai que l'orateur est bourguignon lui-même, et qu'il parlait après boire, deux circonstances atténuantes peut-être. Espérons-le ! Néanmoins, il ne faut pas se dissimuler qu'un bourguignon, à la fois avancé et logique, qui saurait que la noyade et l'asphyxie sont recommandés contre le phylloxera, pourrait bien se croire autorisé à en essayer, quelques jours, après boire, contre le premier porteur de robe ecclésiastique qui se trouverait sur son chemin. C'est ainsi que d'ardents défenseurs de la liberté illimitée de ce qu'ils appellent une simple opération de la pensée, pourraient devenir, en fait, des opérateurs sur le vif, par l'intermédiaire d'instruments qui, il faut en convenir, ne seraient pas toujours seuls coupables du mal qu'ils auraient fait.

L'exposé véridique que je viens de faire de la situation présente, au point de vue sur lequel je crois nécessaire d'appeler l'attention, me donne droit de conclure que ce ne sont pas seulement les amis du sens-dessus-dessous quand même qui se sont mis en tête de pourchasser hors de France, comme ennemis irréconciliables de la République, l'idée de Dieu d'abord, le sentiment religieux en général, et, par suite, toute manifestation publique de ce sentiment. Il est devenu incontestable que la négation de Dieu, le dédain, et même le mépris du sentiment religieux, la haine sans merci des religions positives, et surtout de la religion de la majorité des Français, sont en faveur parmi les représentants d'une partie considérable du suffrage universel. Le mot d'ordre de Voltaire, dans sa correspondance avec d'Alembert et autres : *Écrasons l'infâme,* ne se donne plus en secret et avec recommandation du maître de ne pas le trahir auprès des puissances du jour; on le proclame ouvertement, sur tous les tons, partout, dans les cabarets, dans les clubs, dans la presse, dans les deux Chambres ; on m'assure même que de braves gens, quelque peu inconséquents, le répètent dans des réunions où ils proclament qu'il ne faut pas être socialistes à demi, ni révolutionnaires mitigés, tout en s'obstinant à maintenir leurs filles, et même leurs garçons, dans les écoles congréganistes, quand il en reste à leur portée.

Il est vrai que Diderot, le passionné précurseur de nos matérialistes, n'en a pas fait d'autres, en son temps. On lui attribue le refrain :

> Du boyau du dernier prêtre
> Étranglons le dernier roi.

Or, il aurait tenu, paraît-il, à ce que sa fille (1) fût bonne catholique ; il se serait même occupé personnellement de son éducation religieuse : tant il peut entrer de contradictions dans les têtes humaines les plus fortes en apparence.

_____

(1) Devenue marquise de Vandeuil.

La gravité de l'épidémie anti-religieuse qui sévit en France depuis quelques années peut se mesurer en chiffres précis, plus concluants que toutes les considérations et tous les raisonnements imaginables.

En juin dernier, la Chambre des députés a eu à se prononcer sur deux propositions qui avaient un rapport intime avec la foi en un idéal divin: je veux parler de la réforme du serment des jurés et des témoins dans les affaires criminelles, et de la suppression des emblèmes religieux dans l'enceinte des tribunaux. Il résulte des votes émis à ce sujet :

1° Que ce sont seulement 210 députés, ou un peu plus du tiers de la Chambre(1), qui protestent contre l'obligation légale de « s'engager *devant Dieu* à dire la vérité et à juger consciencieusement, sans crainte des hommes, » et qu'en outre, ce tiers réclame la mise au rebut de toute image du Christ, comme offensante pour la liberté de conscience des libres-penseurs qui paraissent devant la justice ;

2° Que 192, c'est-à-dire un autre tiers (2), ne craignent pas d'avouer publiquement une opinion contraire ;

3° Que 146, ou plus d'un quart (3) s'abstient, attendant, ce semble, pour se prononcer, de savoir ce que leurs électeurs penseraient des graves innovations dont il s'agit ;

4° Que, malgré cette diversité d'appréciation, le pays se trouve officiellement engagé à ne plus souffrir la mention de Dieu devant la justice, car on admet que, malgré des résultats aussi équivoques, le suffrage universel, l'opinion publique se sont prononcés nettement.

Cet exemple récent montre combien notre machine électorale est défectueuse, tant pour ce qui concerne l'exacte représentation du pays, que pour ce qui est la constatation de l'opinion réelle des représentants. Voilà 210 membres d'une Chambre qui en compte 557 (210 députés représentant seulement 1,710,000 électeurs, c'est-à-dire, un sixième au plus du corps électoral ) qui ont pu faire adopter les pro-

---

(1) Moins de 36 pour 100.
(2) Plus de 34 pour 100.
(3) 26 pour 100.

positions dont il s'agit, d'une manière assez décisive, en apparence, pour que M. Madier de Montjau se soit cru en droit de s'écrier, avec sa fougue ordinaire : « Cette Chambre a été en cette occasion l'organe de la volonté du pays. Le pays vient de vous déclarer qu'il entend, qu'il prétend, qu'il veut revenir désormais et vite à la tradition de la Révolution. Ce vote, après nos longs débats, est solennel ! »

Ainsi, nous voilà bien avertis : la France ne veut plus entendre parler de Dieu, même devant le siège de la justice humaine : c'est décidé souverainement par 210 députés représentant un sixième du corps électoral. Les 192 députés qui ont été d'un avis contraire ne comptent pas, bien que le nombre correspondant des électeurs qu'ils représentent soit sensiblement égal à celui du parti vainqueur. Ils ne comptent pas non plus, les 146 députés qui, élus et payés pour participer à la confection des lois, ont fait grève à ce sujet, tout en continuant de toucher le salaire d'un travail qu'ils n'ont pas accompli.

Finalement, personne n'ayant protesté contre la déclaration solennelle de M. Madier de Montjau, on doit tenir pour vrai le proverbe : qui ne dit mot consent, dicton qui a force de loi, parait-il, et qui autorise à ajouter les 146 voix des abstenants, et même les 9 voix des absents, aux 210 qui n'ont pas craint d'affirmer leur résolution de revenir aux plus mauvais jours de la Révolution. Avec un peu de bonne volonté on peut donc soutenir que le vote dont il s'agit a eu, en sa faveur, 365 voix, c'est-à-dire la totalité de l'opinion républicaine, telle du moins qu'elle se trouve représentée à la Chambre actuelle, sous le régime, je le répète, d'une réglementation vicieuse, non seulement de l'exercice du suffrage universel, mais aussi de la manière de constater l'opinion des représentants.

On en conviendra : lorsque des votes aussi équivoques peuvent avoir d'aussi grandes conséquences, à l'égard d'une population de trente-sept millions d'âmes, et que le ministère ne fait rien pour résister à des tendances aussi dangereuses, il est permis, à la partie de la nation qui ne vit pas de politique, de ne savoir plus qui choisir pour la représenter, se trouvant entre les blancs, dont elle est lasse, les rouges, qui l'effraient, et les cent cinquante députés abstentionnistes ou absents, qui désertent au jour du danger. Aussi je crois que c'est, en grande partie, au vice de la réglementation de l'exercice du suffrage universel, aggravé par un autre vice de la manière de constater l'opinion des électeurs représentés, qu'il faut imputer le nombre croissant des abstentions dans les comices électoraux.

## IX

### Danger des tendances officielles.

Sous un régime politique qui abandonne les destinées du pays aux mains de cinq ou six cents hommes pris au hasard du scrutin, parmi les plus adroits à flatter ou à surexciter soit les convoitises, soit les préjugés de la moitié la plus aventureuse ou la plus inconsistante du corps électoral, lorsqu'il peut suffire d'un seul vote de deux cents de ces élus d'un jour pour qu'une nation de trente-sept millions d'âmes cesse, de reconnaître publiquement l'existence de Dieu et de respecter l'image du Christ, on conviendra qu'il y a grandement lieu de ne pas envisager l'avenir sans inquiétude, non pas pour soi, quand on a mon âge et que, de longue date, on a pris l'habitude de ne rien attendre de personne, mais pour la mère-patrie, à qui l'on voudrait pouvoir souhaiter des siècles sinon de sécurité parfaite, du moins de paix et d'honneur.

Edgar Quinet, qu'on n'accusera pas, j'aime à le croire, d'être un clérical déguisé, et encore moins d'être un imbécile ou un ignorant, Quinet a dit : « Un peuple sans Dieu perdrait, par là même, tout idéal, et je ne comprends pas comment il s'y prendrait pour orienter sa marche. »

Quant à moi, je crains de comprendre ce que deviendrait le peuple français — pour un temps du moins, — si des conseillers présomptueux, téméraires ou faibles au delà de toute expression, parvenaient à le déshabituer de l'idée de Dieu, à lui inspirer le dédain de la morale évangélique, et à le mettre dans le cas de renoncer à tout culte chrétien. Notre pauvre vieille France, désorientée, suivant l'expression de Quinet, en serait bientôt à ne plus discerner le bien du mal ; l'égoïsme et les appétits matériels dominant les sentiments élevés, elle marcherait rapidement vers l'état de ramollissement de la Chine, qui a pu durer cinq mille ans, comme tant d'autres espèces animales disparues, sans vivre dignement un seul jour. De l'ancien Français des bons jours, il ne resterait que le souvenir, et ce qui reparaîtrait de sang gaulois, dans le peuple nouveau, en ferait la plus affligeante cohue anarchique qui ait jamais existé. Assemblage indisciplinable de bandes bavardes et batailleuses, ayant plus d'inclination pour le cabaret que pour l'atelier, sans le moindre respect ni pour la liberté, ni pour les biens d'autrui—pas même pour les biens qui seraient le fruit du travail le plus honnête de leurs semblables—ces nouveaux habitants de l'ancien territoire gallo-romain si chrétien, de l'ancienne France des croisades si catholique, de la France moderne si policée et si spirituelle, ne compteraient, dans l'estime du monde, pas même autant que leurs positivistes frères de l'extrême Orient, les Chinois, si pacifiques, si ordonnés, si laborieux et si sobres. Ce serait l'idéal accompli de l'anarchiste révolutionnaire : de la France, il ne resterait plus que la place où elle a brillé pendant plus de mille ans.

*Di omen avertant !*

C'est pourquoi, vieux français par-dessus tout, mais non moins vieux républicain, plus libéral qu'autoritaire, quoique grand ami de l'ordre, vieux libre-penseur, sans l'être d'ailleurs à la manière de ceux que ne peuvent pas souffrir qu'on pense autrement qu'eux, je crois nécessaire, urgent, de tout faire pour détourner de leurs tendances anti-religieuses ceux de mes coreligionnaires politiques qui, égarés eux-mêmes, égarent, pervertissent les uns par leur exemple, d'autres par leur faiblesse, une partie grandissante du corps électoral. Ils l'égarent en détruisant, chez leurs crédules auditeurs, ce que le suffrage universel de tous les temps et de tous les peuples a consacré comme le point d'appui le plus sûr de la dignité humaine, comme la sauvegarde de l'honneur et de la durée des nations.

Il importe d'aiguiller, sans retard, dans une direction

autre que celle qu'on suit depuis plusieurs années, car, « si un peuple ne veut pas croire, a dit Tocqueville, il faut qu'il serve. »

## X

### La Bible jugée par nos législateurs.

C'est au nom du respect de la liberté de conscience, et sur l'assurance du ministre qu'il ne s'agissait que de rendre l'école neutre, avec promesse d'empêcher qu'elle devînt irréligieuse, qu'on s'est accordé aussi facilement, dans le Parlement, à rayer le nom de Dieu sur les programmes des écoles primaires obligatoires et à supprimer l'image du Christ. Officiellement, on a d'ailleurs tâché de faciliter l'adoption du régime nouveau par le pays, au moyen d'instructions ministérielles plus tolérantes que la majorité ne l'aurait voulu. Mais ces différentes manifestations ont été accueillies partout avec une défiance plus ou moins avouée, soit qu'on connût l'absence complète d'inclination religieuse chez les auteurs desdites déclarations et instructions, soit qu'on fût justement inquiet des manifestations contraires faites bruyamment par leurs amis ! En effet, tenus à moins de réserve que les ministres, les meneurs de la révolution scolaire continuaient de poursuivre leur œuvre, en provoquant des congrès d'instituteurs et d'institutrices, où la religion chrétienne et ceux qui la pratiquent étaient livrés à la risée et au mépris de ce public complaisant.

A des faits plus ou moins critiquables, on a ajouté notamment un argument plus grave, qu'orateurs, journalistes et pamphlétaires ont répété à l'envi et propagé partout, à savoir que la Bible, sur laquelle les chrétiens fondent leur croyance, est pleine, non seulement de grossières erreurs matérielles, incompatibles avec l'inspiration divine—cette révélation que les juifs et les chrétiens veulent y voir et qu'ils entendent respecter—mais pleine de faits ou de principes d'une immoralité flagrante.

Voltaire, dit-on, prétendait que, de son temps, trois lignes quelconques de l'écriture d'un homme suffisaient pour le faire pendre, pour peu qu'on le voulût. Or, on ne saurait le nier, dans ces massifs volumes des Écritures Saintes, que les protestants répandent à profusion dans les cinq parties du monde, il serait possible de trouver, sans beaucoup de peine, plus de trois lignes peu édifiantes. Je ne serais même pas étonné qu'un amateur de lectures pornographiques y découvrît les éléments d'une publication et d'une distribution à un sou, passible de la police correctionnelle. Eh bien ! c'est un peu en agissant dans l'esprit de ces amateurs de scandale, beaucoup plus que par un respect sincère des différentes manières de considérer Dieu ou de l'adorer, que l'on a jugé la religion de la presque totalité des Français, et qu'on est parvenu à faire rayer légalement, sur les programmes de l'enseignement public nouveau, non seulement le nom de Dieu, non seulement l'Histoire Sainte proprement dite, mais jusqu'à l'Évangile, malgré sa chasteté parfaite. Quelques citations perfidement choisies, et prononcées avec une apparence de honte ou d'indignation, ont suffi pour justifier d'une manière péremptoire la nécessité de remplacer, par un enseignement soi-disant scientifique et civique, la morale religieuse enseignée jusqu'ici dans les écoles d'enfants, aussi bien par les instituteurs laïques que par les instituteurs congréganistes.

Les principaux arguments qu'on a fait valoir à l'appui de cette opinion pourraient embarrasser des âmes pieuses qui, admettant que l'Ancien et le Nouveau Testament ont été dictés par Dieu, se croient tenues de soutenir que le texte lui-même, tel qu'il nous est parvenu, après tant de siècles et de vicissitudes, est inattaquable de tout point, sauf à fermer les yeux sur les passages embarrassants, ou à y voir des allégories plus ou moins convaincantes.

Pour un représentant de l'État, pour des instituteurs laïques, aussi bien d'ailleurs que pour le commun des martyrs du monde chrétien, pareille difficulté n'existe point, parce que, lorsqu'on n'a pas charge spéciale de veiller au maintien des dogmes qui font l'unité de l'Église qu'on représente, on est parfaitement libre d'admettre que, dans un livre aussi ancien, aussi complexe et d'origines aussi diverses que l'ensemble de ce qu'on appelle les Saintes Ecritures, tout n'est pas également fait pour des enfants, et qu'en tout cas, c'est le sens général qu'il convient d'y voir, plutôt que certains détails propres aux mœurs du temps, détails superflus ou de pure forme, sans grande importance, par conséquent, pour qui n'y cherche que l'enseignement moral.

Tant de mains différentes ont coopéré à la rédaction des livres saints, le texte primitif a dû subir tant d'altérations de différentes natures, soit par la faute des rédacteurs primitifs, soit par la faute des copistes, soit par la faute des traducteurs, soit par toute autre cause; en outre, le texte existant doit se ressentir tellement des habitudes de langage, des mœurs et des croyances des temps et des hommes dont il nous a transmis les paroles et les actes, que, de la part d'un laïque, ce serait déraisonner à plaisir que d'épiloguer sur le mot-à-mot de ces différents écrits, hébreux, grecs, latins et français de différentes époques, et s'en prendre à Dieu de ce que tant d'hommes divers ont pu vouloir dire, en rapportant soit leurs impressions ou leurs souvenirs personnels, soit les traditions, les légendes, les mythes qui avaient cours de leur temps.

Considérés de ce point de vue essentiellement laïque et rationaliste, le seul qui convienne aux représentants de l'État, es détails n'ont plus d'intérêt que comme étude de style et de mœurs; l'école primaire obligatoire n'a donc rien à y voir. Mais cette considération a pour conséquence indéniable que bien des faits embarrassants, ou même impossibles, ne devraient plus figurer parmi les griefs sur lesquels on se fonde pour laisser ignorer aux enfants de six à treize ans l'existence de la Bible et de l'Évangile. Il ne faut pas, en effet, un grand effort de bonne volonté pour expliquer les points les plus critiqués, sans que l'élévation et l'autorité du fond, c'est-à-dire du sens général, perdent rien de leur importance.

C'est ainsi, du moins, que l'instituteur devrait comprendre son devoir si, en fait de morale, il se trouvait assez bien préparé à sa fonction d'éducateur pour faire passer le fond avant la forme et arrêter l'esprit des enfants sur l'esprit des récits bibliques plus que sur la lettre, conformément à la parole du

Christ lui-même, qui a dit : « La lettre tue, l'esprit vivifie, » précisément à propos de la loi des Juifs.

Dans mon opinion, ce qui est vrai par rapport à l'Ancien Testament, l'est également par rapport au Nouveau. Pour un laïque, tout ce qui tient du miracle dans l'Évangile est simplement l'expression de l'idée que se faisaient, de la puissance du Christ et les peuples, et les écrivains qui nous ont transmis le récit de sa mission divine, longtemps après qu'elle eut été accomplie, et en une langue qui n'est certainement pas celle du Christ. L'instituteur laïque n'est donc pas fondé à disserter sur tout ce qui pourrait être considéré comme étant le fait de l'opinion populaire ou de l'écrivain : il ne doit considérer que l'esprit constant des discours et des paraboles, qui constituent le fond des Évangiles. Or, sans se prononcer sur les accessoires, qui d'ailleurs sont loin d'avoir été inutiles à la propagation de la doctrine chrétienne, on peut affirmer que l'enseignement du Christ forme le code de morale le plus complet, le plus élevé, le plus touchant, le plus digne de respect qui soit connu.

Dans tout ce qui a été dit et écrit dans l'antiquité avant les Évangiles, tant en Orient qu'en Grèce et à Rome, il faudrait péniblement glaner et trier parmi une foule d'idées et de sentiments inacceptables, pour composer quelque chose de comparable à ce livre trois fois saint.

De plus, une compilation de maximes de philosophes inconnus du peuple, compilation faite arbitrairement par un homme vivant parmi nous, manquerait du prestige et de l'autorité qu'un long usage et de poétiques légendes ont donnés aux préceptes de celui qu'on appelle le *divin maître*, de temps immémorial.

Je reste donc persuadé qu'un ministre de l'instruction publique et des cultes sincèrement respectueux des croyances religieuses des juifs, des catholiques, des protestants et même des Arabes, c'est-à-dire de la presque totalité de la population régie par la République française, aurait pu soutenir que, sans froisser aucune conscience libérale, sans toucher aux dogmes, il convenait de maintenir dans l'enseignement laïque des écoles de l'État non seulement la croyance en Dieu, mais une mention intelligente de quelques passages principaux de l'Histoire Sainte, et surtout quelques traits caractéristiques de la morale évangélique.

Le pouvant, on le devait, selon moi, même à ne considérer que le côté politique de la question.

Je ne me dissimule pas qu'agir avec cet esprit de sagesse aurait été se montrer moins révolutionnaire qu'on ne l'a fait : ça aurait été hardi peut-être, eu égard à l'état mental d'une centaine de membres du Parlement, que les sceptiques n'osent pas contredire ; mais il est évident qu'en cas de succès la République aurait gagné, à l'adoption de cette mesure, plusieurs millions d'adhérents, sans perdre autre chose que des amis fort compromettants. Il y a même lieu de croire que ceux-là auraient été, eux-mêmes, moins exigeants, du moment qu'on se serait montré résolu à se passer d'eux : leur influence sur la partie moutonnière de la population eût été ainsi amoindrie, au grand profit de la paix publique.

Il est vrai que, d'une part, quelques orateurs puissants ou habiles, animés d'intentions patriotiques incontestables, mais enragés de positivisme, d'autre part tout un groupe fort nombreux d'amis du sens-dessus-dessous en toutes choses, auraient résisté à outrance, et que la sagesse, le libéralisme, le courage du ministre auraient pu lui coûter son portefeuille. Or, comme le cœur d'un ministre renferme plus d'une conscience communément, la conscience de l'homme de parti est terriblement exposée, le plus souvent, à l'emporter sur celle de l'homme honnête et libéral, quand une haute idée de Dieu n'y domine pas. C'est justement par là que pèchent, habituellement, les hommes d'État du jour.

Par le temps qui court, l'homme de parti républicain, a rarement assez de foi personnelle pour penser et surtout pour dire autre chose que ce que disent, des religions en général, non pas seulement les journaux passionnément révolutionnaires, mais même les organes les plus sérieux du parti.

Ce qu'ils disent, ceux-là, n'est pas fait pour encourager un ministre sceptique ! Ils disaient par la bouche du plus instruit et du plus spirituel des concurrents du ministre en place :

« Les religions n'ont pas qualité pour parler de morale ; car elles reposent sur des bases fausses, sur des hypothèses injustifiables, sur des conceptions erronées de la nature de l'homme, de son rôle dans la société et du monde physique, et, lorsqu'il arrive qu'elles parlent juste de morale, c'est qu'elles en ont emprunté les sublimes et éternels préceptes à la conscience universelle de tous les temps et de tous les peuples » (1).

Le Manuel à faire, dont les titres principaux figurent en tête du présent avant-propos, aurait précisément pour objet de soutenir et d'enseigner le contraire, en tout point, des idées que MM. Gambetta et Bert ont fait applaudir par un très nombreux public, le 22 août 1881. N'ayant ni le talent ni l'autorité nécessaires pour détourner le courant qu'ils ont créé, si tant est qu'ils ne se contentent pas de croire opportun de le suivre, je me bornerai à tracer le sommaire, l'esquisse de mes idées à ce sujet, espérant que cette esquisse d'un Manuel politique où serait déduite, d'une saine idée de Dieu, la notion des différents devoirs qu'un ami de la liberté et du progrès doit s'imposer, que cette esquisse, dis-je, suffira pour montrer aux esprits impartiaux qu'on peut être républicain, patriote, et même libre-penseur, tout en prenant le contre-pied des conceptions positivistes, athées, ou simplement ennemies des traditions religieuses de la majorité de la population française, qui prévalent aujourd'hui chez la plupart des représentants du parti républicain.

## XI

### Des erreurs reprochées aux textes sacrés

Avant tout, je voudrais être capable de faire comprendre que c'est faire injure gratuitement à tous ceux qui croient en Dieu, et qui se rattachent sincèrement à une des formes

---

(1) Déclaration de M. Paul Bert au cirque d'hiver, sous la présidence de Gambetta.

religieuses reconnues par l'Etat, que de les supposer aveugles ou inintelligents, et nécessairement ennemis de tout progrès moral et politique.

Il serait trop facile de répondre aux accusations d'aveuglement et d'inintelligence, en citant nombre d'esprits éminents, et même de génies, aussi profondément et aussi naïvement religieux que le plus humble curé de village; mais je n'aime pas, en pareille matière, m'arrêter aux exceptions. Considérant donc la chose d'un point de vue plus général, je dis que les critiques qu'on entend faire contre les bases des religions juives, catholiques et protestantes, par exemple, n'autorisent nullement à mettre en doute la clairvoyance ou l'intelligence de ceux qui pratiquent ces différents cultes, encore moins leur moralité et leur patriotisme.

On serait plutôt en droit de voir une faiblesse une infirmité d'esprit chez ceux à qui le sentiment du divin manque, bien que, souvent, ils soient doués de qualités intellectuelles, et même morales, peu communes.

Le grand argument des hommes qui se considèrent comme ayant seuls le droit de se qualifier libres-penseurs, c'est surtout ce qu'on trouve d'invraisemblable, ou même de certainement inexact, dans les livres dont s'inspire la foi des chrétiens.

J'ai déjà indiqué les raisons qui permettent aux laïques de considérer plutôt l'esprit des textes sacrés que les mots qui l'expriment, sans s'occuper des raisons, souvent très sérieuses, que peuvent avoir les églises d'obéir quelquefois à des considérations différentes. Du reste, ces considérations différentes n'étaient pas toutes mal fondées, il faut croire, car l'expérience des siècles a prouvé que tel détail qui offusque aujourd'hui un savant ou un rationaliste, a été et est encore la cause déterminante de l'adhésion et de la foi de peuples entiers.

Pour ce qui concerne les chrétiens en général, et surtout les laïques — à l'intention desquels j'écris, — deux paroles célèbres les autorisent à user de la liberté que je réclame à l'égard des textes sacrés: ce sont d'abord la parole du Christ lui-même que j'ai rapportée plus haut, et une autre parole, parfaitement sage aussi, de saint Augustin : *In dubiis libertas*. Qu'on ajoute à ces raisons une considération que Luther ni Calvin n'auraient peut-être pas admise, — car, si l'on a eu lieu quelquefois d'accuser les jésuites d'être trop latitudinaires, il est permis de penser que Luther et Calvin ne l'ont pas toujours été assez, — qu'à ces raisons, dis-je, qu'un pape moderne pourrait peut-être tolérer un jour, ayant le pouvoir de le faire, on ajoute la liberté de considérer comme purement légendaire tout ce que le bon Quatremère de Quincy appelait des miracles d'une exécution difficile, tels, par exemple, que le miracle de Josué, le reste devient facile à défendre. En effet, ce premier point admis, il n'y a plus qu'à considérer l'influence morale des religions qui s'appuient sur les livres dont il s'agit : l'Ancien et le Nouveau Testament. Or, cette influence a été excellente, car, si le christianisme n'a pas fait des hommes autant d'anges, il a certainement disposé les masses à devenir meilleures qu'elles n'étaient il y a deux mille ans.

Je sais bien que, comme toute cause livrée à de bons avocats, celle-ci paraîtrait gagnée ou perdue suivant qu'on écouterait Bossuet ou Voltaire; mais, m'adressant aux républicains, qui, à défaut d'autre foi, croient au progrès, j'ai lieu de penser qu'ils m'accorderont que notre population rurale par exemple, qui ne pense encore à renier ni Dieu ni le Christ, est infiniment supérieure à la plèbe gauloise qui adorait Hercule et Mercure.

La substitution d'un régime républicain et libéral aux régimes monarchiques qui ont généralement prévalu dans le monde depuis la propagation de la religion chrétienne, pourra développer encore ces germes précieux et élever ainsi le niveau moral de l'humanité à un plus haut degré : à une condition toutefois, c'est que la source de tout progrès moral ne sera pas tarie, c'est qu'une saine idée de Dieu vivifiera les âmes des générations qui nous succéderont.

Mais revenons à la démonstration que j'ai entreprise.

Parmi les miracles ou les inexactitudes difficiles à défendre, et que, personnellement, je rejette soit dans le domaine de la légende, soit dans le courant du langage du temps, langage fondé sur des connaissances insuffisantes, rien ne doit, ce semble, révolter davantage la conscience scientifique des ennemis-nés de toute inspiration divine, que les textes qui donnent prise à des objections tirées soit de l'astronomie, soit de la géométrie, deux sciences intransigeantes au premier chef, que les prophètes et les apôtres connaissaient moins bien, je l'accorde, que le plus ignorant des bacheliers de notre temps.

Voyons cependant si la moindre bonne volonté ne suffit pas souvent, pour se rendre compte du peu de force que des faits de cet ordre laissent à ceux qui voudraient en conclure que l'inspiration divine a été parfois en défaut, que la révélation a été nulle. Examinons, par exemple, deux passages des livres de Josué et des Rois que, personnellement, j'ai eu occasion d'entendre citer comme les plus choquants :

Josué a passé, pendant un temps, pour avoir écrit lui-même le récit de ses exploits. Ce n'est pas là un article de foi, et je croirais plus volontiers qu'il y a employé quelque arrangeur lettré qui peut fort bien y avoir mis quelque chose de son cru, ne serait-ce que la lune, dont Josué n'a pas dû se préoccuper beaucoup, ce semble, du moment qu'il croyait tenir le soleil. Quoi qu'il en soit, la Bible nous montre Josué convaincu que, pour écraser définitivement l'ennemi, il ne lui faut plus qu'une ou deux heures de jour, et il craint de ne pas les avoir ; sa foi en Dieu n'est pas sujette à discussion, et il ne doute pas que c'est pour Dieu qu'il combat. Telle est la situation. C'est alors que, levant les yeux au ciel avec un geste qu'un tableau du peintre Decamps nous a montré irrésistible, il réclame, au Dieu tout-puissant, les deux heures dont il sent le besoin. Son armée le voit, comprend sa prière, tient pour certain qu'elle sera exaucée, et, redoublant d'ardeur, remporte la victoire. Dans ce temps-là (il y a plus de trois mille cinq cents ans), on disait sans doute, comme on le dit encore aujourd'hui, sans être traité d'imbécile ou d'ignorant, que le soleil se lève, qu'il monte, descend et se couche ; de plus, personne ne doutant de la toute-puissance de Dieu, demander l'arrêt de ce mouvement à qui l'avait ordonné n'avait rien d'inadmissible, pas plus pour les soldats de Josué que pour lui-même ou pour son historiographe. Le récit a donc pu être rédigé tout naturellement comme nous le connaissons, sans qu'on puisse dire de Dieu, à ce sujet, autre chose, si ce n'est qu'il inspirait à ses croyants une foi supérieure à tout ce que pourrait trouver, sur sa carte et dans ses calculs, le plus savant de nos généraux actuels, fût-il assisté des lumières d'un député seul vrai républicain, ayant à ses ordres un nouveau tribunal révolutionnaire.

Il est donc vrai que le fait de Josué n'est pas une révélation anticipée du système solaire; mais il n'est pas moins évident que c'est un acte de foi en Dieu et une inspiration patriotique, dont le souvenir pourrait être conservé dans nos écoles sans le moindre danger, ni pour l'intelligence, ni pour le patriotisme de la génération qui nous succédera.

La fin du siècle dernier a été témoin d'un acte de foi comparable à celui de Josué, et pareillement efficace. C'était à Marengo. Vers quatre heures (en juin), la bataille était regardée, par Bonaparte, comme perdue; Desaix, le noble, l'intègre, le juste, le brillant Desaix, tire sa montre, et, bien convaincu que l'armée républicaine est le soldat du bon droit — bon droit qui, pour cette âme d'élite, n'allait pas sans Dieu, — il s'écrie: « la bataille est perdue, mais nous avons le temps d'en gagner une autre. » La confiance du général bien inspiré se répand d'un bout à l'autre du champ de bataille, les rangs se reforment, et tous se précipitent sur les Autrichiens vainqueurs, qui sont en effet battus à plat avant la fin de la journée. Desaix y perdit a vie; mais la République française était enfin reconnue par son ennemi le plus obstiné, et l'Italie se trouvait délivrée du même coup. Tout cela fut dû à un acte de foi d'un aristocrate, patriote et bon républicain, quoique suspect à plus d'un clubiste, parce qu'il ne chantait pas le Ça ira ! au commandement du premier braillard venu.

Est-ce que ces deux faits n'ont pas entre eux une analogie saisissante ? Est-ce que, de part et d'autre, la victoire ne fut pas l'effet d'une confiance invincible, en quelque sorte surnaturelle, dans le mérite des bonnes causes ? Est-ce qu'il peut y avoir de bonnes causes qui ne se rattachent pas à un idéal supérieur au pouvoir de l'être borné, dans le temps et l'espace, qui constitue l'homme le mieux doué ?

Est-ce qu'en présence de ces considérations, on peut sérieusement penser à reprocher au rédacteur du livre de Josué, quel qu'il soit, d'avoir ignoré ce qu'ignorent encore tant d'êtres de notre espèce, que c'est la terre qui tourne autour du soleil, et non le soleil qui tourne autour de la terre? Belle affaire, en vérité, que cette querelle de mots, au prix du résultat! On dit: c'est la foi qui sauve; jamais ce dire ne s'est trouvé mieux justifié que par le cas de Josué.

Cependant j'ai entendu un député de mes amis (sorti de l'École polytechnique parmi les premiers, et, qui mieux est, ingénieur des plus capables, fervent positiviste d'ailleurs) citer le fait de Josué comme prouvant la fausseté des croyances religieuses. Selon lui, un fait pareil suffirait pour décider un homme intelligent à condamner comme stupide ou ridicule tout ce qui reste chez nous de la « phase théologique » de l'humanité. C'étaient ses expressions. Brave garçon néanmoins, il n'empêchait pas sa femme, mère de beaucoup d'enfants, d'aller à la messe: on m'a même assuré que, dans sa province, il lui arrivait assez souvent de l'y accompagner. De bonne humeur, comme un bon Français qu'il est, je le mis en joie, un jour, en lui citant un autre fait qu'il ne connaissait pas. C'est la description de ce merveilleux bassin métallique que Salomon fit faire pour le temple de Jérusalem. Ce bassin, que le texte décrit sous le nom de mer de fonte, est présenté comme parfaitement rond, avec dix coudées d'un bord à l'autre et trente au pourtour. Or, au simple énoncé de ces deux nombres, mon petit-fils, qui n'a que treize ans, ne manquerait pas de se récrier, en faisant remarquer qu'un cercle de dix coudées de diamètre doit avoir plus de trente coudées de circonférence, qu'il doit en avoir trente et une et demie environ. Il faut donc reconnaître que Salomon, avec toute sa sagesse, et malgré les révélations de Dieu, dont il avait la faveur, ignorait ce que savent aujourd'hui des enfants de treize ans.

A plus forte raison, sans doute, ignorait-il, le brillant roi, qu'il n'y a pas d'espression numérique capable de représenter exactement le rapport de la circonférence au diamètre.

Eh bien! me disait mon forcené savant d'ami, vous voyez

vous-même : comment ose-t-on parler d'inspiration, de révélation et de tout ce qui s'ensuit, en présence de cet amas
d'erreurs indéniables?

J'avoue que, tout polytechnicien que je suis moi-même, je
n'ai jamais eu, pour les sciences exactes, un amour aussi
jaloux, aussi impitoyable, et que je serais bien plus disposé
à reprocher au roi Salomon le nombre incommensurable de
ses femmes que l'inexactitude des dimensions de sa mer de
fonte.

Les médecins, qui devraient avoir tant de raisons d'être
moins exigeants que les astronomes et les géomètres, pour ce
qui concerne la précision et la certitude, — le *démontrable*,
comme disent les positivistes, — les médecins sont, assez généralement, moins indulgents encore à l'endroit des textes
bibliques. Bon nombre d'entre eux vont jusqu'à voir un caractère d'aliénation mentale dans ce qui se dit de l'âme, de
Dieu, et, généralement, dans ce qui touche à l'idéal. Selon
les savants de cette catégorie, un homme sensé ne doit raisonner que sur ce qu'il peut manier, peser et décomposer, et
le seul langage sérieux est le langage technique.

Les politiciens, qui visent à opérer plus en grand que les
médecins sur l'espèce humaine (tout en étant moins fondés
encore à prétendre ne rien admettre que le démontrable,
eux qui aspirent à faire, sur l'*anima vili* de leurs concitoyens, l'expérience de théories pas toujours très solidement
assises) les politiciens sont plus intraitables que les médecins ;
et, quand l'homme est à la fois médecin et politicien, ce qui
arrive très souvent, leurs exigences et leurs intolérance n'ont
plus de bornes. Alors quiconque trouve dans la Bible des
sujets d'édification, peut être sûr d'être traité par ces
messieurs d'imbécile et de crétin, au nom de la science, bien
entendu.

« Voyez Jonas, disait dernièrement l'un d'eux ; on nous
conte qu'avalé par une baleine il a passé trois jours dans son
ventre, pour en sortir plus alerte qu'avant : cela ne me
ferait pas suer, moi qui sais, de science certaine, qu'une fois
entré dans l'estomac de l'animal, Jonas, tout prophète qu'il
prétendait être, n'aurait pu en sortir qu'à l'état de bouillie !

Comment des gens à qui l'on fait avaler des bourdes pareilles ne seraient-ils pas hébétés?» Oh ! savant professeur, je vous accorderai qu'on n'est pas français et qu'on n'a pas été jeune sans avoir ri de l'histoire de Jonas et de beaucoup d'autres. Je ne répondrais pas de n'avoir point moi-même pris la chose comme vous, à l'âge où, indifférent au principal du récit biblique, à sa moralité, je m'arrêtais étourdiment à quelque détail de rédaction, pour m'en amuser, sans considérer le fond, ne voyant que la forme en un mot. Eh bien! il est arrivé dernièrement que, mon attention de vieil homme ayant été appelée sur le livre de Jonas par votre sainte indignation, je n'ai pas été peu surpris, moi, peu coutumier de ces sortes de lectures, d'y trouver un des témoignages les plus saisissants de ce qu'on est en droit d'appeler l'inspiration divine.

Le livre de Jonas met en présence l'homme et Dieu : d'un côté, un homme juste, porté à se dévouer au bien, par un premier mouvement auquel il renonce après reflexion, craignant d'avoir à en souffrir dans sa personne ; de l'autre côté, Dieu persévérant dans la poursuite du [mal, mais sensible au repentir des coupables et plus disposé à la clémence que l'homme choisi par lui-même pour l'exécution de ses desseins. Voilà deux êtres bien distincts en un seul être visible — distincts et différents comme on voit, bien qu'également compréhensibles, — l'un en chair et en os comme chacun de nous, l'autre hors de notre portée, et ce qu'on appelle surnaturel. Suivons-les.

Jonas donc, indigné des déportements des Ninivites, se sent appelé par Dieu à se rendre auprès d'eux pour les menacer de sa colère, s'ils ne réforment pas leurs mœurs ; mais, craignant d'être mal reçu par ces mécréants, il essaie d'échapper à l'inspiration qui l'obsède en mettant la mer entre lui et Ninive. Il prend passage au milieu de marins étrangers ;. la mer s'enfle, devient furieuse, le navire va sombrer ; l'honnête Jonas avoue alors aux matelots que c'est lui que la colère de Dieu poursuit, parce qu'il lui a désobéi et qu'en le 'etant à l'eau ils retrouveraient certainement le calme. Ces hommes ne font ni une ni deux : ils empoignent le voya-voyageur et le précipitent au milieu des flots. Il arrive alors que, d'une manière ou d'une autre (ce que l'auteur a rendu comme on sait, mais qui n'est qu'un détail de l'histoire, détail qu'on pourrait même expliquer de différentes manières, nullement surnaturelles, si cela en valait la peine), il arrive que, trois jours après, on retrouve Jonas à terre, sain et sauf, bien résolu cette fois à faire son devoir de serviteur de Dieu. Il va alors droit à Ninive et y prêche la réforme, avec un succès tel que peuple et roi s'humilient devant lui et se convertissent.

A ce moment, la nature humaine et la nature divine se manifestent séparément, au point d'entrer en conflit. Jonas voudrait n'en être pas pour ses frais de courage et de succès oratoire : il réclame la punition des coupables ; Dieu refuse, jugeant que la sincérité du repentir de tout un peuple mérite pardon.

Est-ce là un conte ridicule ? N'est-ce pas, au contraire, une histoire plus ou moins authentique, mais très morale qui, pour être vieillissime et écrite par un homme très peu fort en physiologie, n'en est pas moins digne d'intérêt et de considération ? Cette histoire, ou cette fable, si vous voulez, montre qu'en dehors de l'homme et de ses sentiments personnels, il peut exister une direction supérieure, dégagée des faiblesses humaines, qui pousse au bien ceux qui s'étudient à la suivre. Cette direction, c'est une saine idée de Dieu, c'est-à-dire du bien en général, que l'homme est capable de faire quand il suit l'impulsion de l'idéal de toute perfection qu'on appelle Dieu.

Méconnaître l'existence et l'utilité de cette impulsion, dont l'Histoire Sainte donne tant d'exemples mémorables, comme résultats d'inspiration divine, laisser ignorer aux enfants que cette inspiration est mise, par notre âme, à la portée de tous les hommes dont la conscience n'est pas étiolée, atrophiée, par un défaut de culture, ou pervertie par une culture vicieuse, c'est pour les parents, c'est pour l'État, manquer à leur devoir le plus essentiel, parce qu'il est bien évident qu'en fait d'autorité morale, on ne saurait en trouver de supérieure à celle de l'*être infini, créateur et conservateur du monde*, comme le définit Littré, en exprimant simplement l'opinion unanime du monde moderne.

Si le peintre Decamps, si le général Desaix m'ont appris
à voir dans le miracle de Josué le grand côté plutôt que le
petit, si j'ai tiré le même profit d'une lecture fortuite du livre
de Jonas, c'est à Louis Blanc, l'apôtre de la doctrine de
« chacun suivant ses facultés, à chacun suivant ses besoins, »
que je dois d'avoir compris que l'Arbre de vie placé au milieu
du Paradis terrestre, pour qu'on le considérât avec respect,
sans y toucher, n'était pas lui-même une conception aussi
saugrenue qu'on l'a dit, certain jour, à un public crédule qui
en a beaucoup ri.

C'étaient peut-être les fils de pères non moins crédules
qu'une idée moins sensée de Louis Blanc avait, au contraire,
transportés d'enthousiasme trente ans avant.

N'est-ce pas, en effet, moitié dans la Genèse, moitié dans
l'Évangile, que cet excellent et naïf Louis Blanc, plagiaire
de l'Écriture sainte, à son corps défendant sans doute, avait
pris son idée d'assurer à chaque ouvrier un salaire proportionné
à ses besoins, sans lui imposer d'autre devoir que de regarder
un poteau, placé au milieu de l'atelier, sur lequel serait
écrit : « Qui ne travaille pas est un lâche ! » Seulement on
conviendra que la légende du Paradis dénote, chez celui qui
l'a écrite, un sens pratique bien supérieur à celui de l'apôtre
du socialisme en 1848 ; car, en même temps qu'il était re-
commandé à nos premiers parents de résister à la tentation
de manger du fruit défendu (comme l'ont fait depuis, à leurs
adeptes, le père Mathew et d'autres philanthropes, en prohibant
l'usage des liqueurs alcooliques ou de l'opium), une sanction
accompagnait la défense du Créateur : il était expressément dit
et entendu que, si l'homme n'usait pas de sa liberté pour s'imposer volontairement, comme devoir, la règle de conduite, la
discipline, qui lui avait été indiquée, il serait obligé d'obéir à
un maître plus exigeant que Dieu, savoir : l'impérieuse nécessité de travailler pour vivre. Louis Blanc, mieux fait pour être
le disciple préféré de Jésus-Christ, comme saint Jean, que pour
être l'apologiste de Robespierre, aurait regardé une entrave
quelconque imposée à la liberté d'un citoyen français comme
injurieuse et tyrannique : aussi qu'est-il sorti de tous ses beaux
discours ? Un vent d'insurrection qui n'est pas encore apaisé

et dont l'effet a été pernicieux pour ceux-là mêmes que l'excellent homme désirait si passionnément servir.

Moins bon, il faut croire, mais connaissant peut-être mieux les faiblesses humaines (1), j'avoue que cette discipline, ce respect d'une autorité sage et bienveillante, cette obligation de travailler, que l'austère Moïse met en tête de ses lois, comme d'ordre divin, me semblent parfaitement appropriées à la masse des êtres de notre espèce, c'est-à-dire à tout le monde. Je trouve donc qu'en tant que légende, la légende du Paradis perdu ne manque ni de grandeur, ni de raison, ni de moralité, et que, s'il est permis à un laïque de lui attribuer un caractère mythique, il est déplacé, pour un homme sérieux, d'en faire un objet de risée. C'est pourquoi, tout en comprenant qu'il serait nécessaire d'appuyer sur des considérations autres que celles de la Bible, et de rédiger sous une forme plus moderne des lois destinées à être discutées et votées article par article, paragraphe par paragraphe, mot par mot, par un parlement élu de nos jours au moyen d'un scrutin d'arrondissement, sous l'inspiration de quelques meneurs entreprenants, je suis très loin de mépriser l'auteur du texte qui nous a transmis l'antique tradition relative à la création du monde. Je suis, au contraire, très disposé à voir dans les premières pages de la Genèse quelque chose d'original, d'imposant, qu'on est en droit d'appeler une inspiration de Dieu et qu'on pourrait raconter sérieusement à des enfants, de six à treize ans, sans fausser le moins du monde ni leur jugement, ni leur sens moral.

---

(1) J'ai eu occasion, en 1871, de constater à la fois la générosité native, la candeur de Louis Blanc, et sa facilité à revenir à la raison quand on la lui faisait voir clairement. Quelques députés de son groupe avaient cru possible de réunir la rançon de cinq milliards au moyen d'une souscription républicaine; il avait embrassé ce projet avec chaleur, et, me rencontrant, il m'en parla. Je lui exprimai ma crainte qu'une entreprise si peu assurée du succès ne nous fît juger par Bismarck aussi légers et aussi inconsidérés qu'avant la guerre; j'ajoutai qu'il me semblait préférable de lui montrer que nos malheurs nous avaient instruits et que nous n'étions plus gens à nous lancer dans une aventure sans en avoir mesuré la portée. Il comprit les raisons que je lui donnai à l'appui de cette opinion, et répondit, devant moi, à celui qui demandait son concours au projet de souscription : « Si ce que dit M. Pernolet est vrai, il faut y regarder à deux fois avant de nous engager dans un projet qui pourrait nuire à la considération des républicains. »

Cette revue rétrospective de certains passages de l'Ancien Testament particulièrement visés comme hébétants par les adorateurs exclusifs de leur déesses Raison ou Science, m'a amené à relire ce début de la Genèse, que j'avais entendu signaler comme plein de grandeur, il y a soixante ans :

« Il dit que la lumière soit, et la lumière fut, »

et que, peu d'années après, des grands, des bacheliers ès-sciences avaient discrédité dans mon esprit, en me convainquant, par démonstration scientifique, qu'il fallait être aveugle pour parler de la lumière et du soleil comme l'a fait le texte sacré.

Beaucoup plus tard, j'eus occasion d'entendre un savant professeur de géologie essayer de justifier ce même texte par des considérations de physique transcendante.

Dernièrement, j'ai voulu soumettre la cause à mon propre jugement, et je n'ai pas été peu étonné de voir qu'il n'était nullement nécessaire de recourir à des considérations de science transcendante pour expliquer le respect dont le premier chapitre de la Genèse est l'objet de la part des juifs et des chrétiens, depuis plusieurs milliers d'années.

Revoyons, en effet, le texte dont il s'agit, en nous mettant au point de vue de l'auteur (qui, naturellement, rapporte tout à la terre), et en traduisant ce texte librement, comme pour en rendre compte à des enfants, sans décliner, d'ailleurs, le contrôle des grandes personnes qui voudraient remonter aux sources.

Voilà ce récit simplement dépouillé de l'anthropophormisme du temps, qui, nécessaire pour les artistes du moyen âge et de la renaissance—notamment pour Michel-Ange, dont on se rappelle les saisissantes fresques de la chapelle Sixtène—est sans intérêt pour un écolier français de dix à douze ans.

## CRÉATION DU MONDE SUIVANT LA GENÈSE

Interprète des traditions d'Abraham et de sa descendance, Moïse ne considère la création qu'à partir de l'époque où notre globe a cessé d'être une masse confuse, impropre à toute vie végétale et animale; il ne dit rien des temps infinis qui ont précédé, si ce n'est pour affirmer l'action constante du Dieu unique et tout-puissant sur ce qui existe :

« Au commencement, Dieu créa le ciel et la terre (verset I du chapitre I). »

1º Moïse prend donc la terre enveloppée d'eaux, qui se confondent avec une épaisse et ténébreuse atmosphère, où la lumière ne pénètre encore que confusément et par échappées : c'est la première journée que l'église catholique admet depuis longtemps comme devant être traduite par première époque ; ce fut en effet un jour, au regard de l'éternité de Dieu.

2º L'eau se sépare de l'air chargé de nuages, où des ouvertures sur le ciel commencent à se former : deuxième époque.

3º La terre se soulève du sein des mers et commence à se couvrir de végétations diverses : troisième époque.

4º Dieu ouvre définitivement, à la vue de la terre, le plein spectacle du ciel, avec ses étoiles, le soleil et la lune, qui établissent l'ordre régulier des jours et des nuits : quatrième époque.

5º C'est alors que commence la création des animaux, par celle des habitants des eaux d'abord, et des habitants de l'air ensuite : cinquième époque.

6º. Vient enfin la création des habitants de la terre, reptiles, bêtes sauvages et animaux domesticables : sixième et dernière époque, que Dieu couronne par la création de l'homme, l'homme et la femme qu'il prit soin de « faire à son image et à sa ressemblance, » et qui « seront deux dans une seule chair, » — c'est-à-dire (suivant l'Évangile) une et indivisible jusqu'à la mort, comme notre première République.

Je le demande, y a-t-il là quelque chose d'absolument contradictoire avec la science, même au point où elle est parvenue quatre mille ans après l'époque de la tradition que je viens de résumer ? Y trouve-t-on de ces hypothèses injustifiables, de ces conceptions erronées que M. Paul Bert a dénoncées comme propres à fausser le jugement des enfants ? Y a-t-il même quelque chose qui puisse sérieusement froisser la conscience d'un homme raisonnable ?

Il est vrai que tout le récit est dominé par l'idée d'un Dieu créateur. Mais, si c'est cette idée que vous jugez incompatible avec la morale, avec la liberté, avec le patriotisme, avec le rôle que vous prétendez assigner à l'homme sous le régime républicain, il faut être conséquents avec vous-mêmes : ce n'est pas seulement de l'école publique qu'il faut chasser Dieu, c'est hors de nos frontières qu'il faut l'expulser, avec tous ceux qui en parlent par devoir, et même avec tous ceux qui y croient sans en parler. Laisser l'ennemi dans la place, ce serait compromettre l'existence de la République.

Si c'était là le fond de votre pensée, je ne vous demanderais pas de l'avouer, — je sais que vous n'avez nulle envie d'être confondus avec les anarchistes révolutionnaires, avec les nihilistes et autres ennemis mortels de la nationalité française, qui ne vous aiment pas plus que vous ne les aimez — je me contenterais de faire appel à votre intelligence, sachant que vous comprenez qu'une pensée pareille est non seulement abominable (ce qui n'aurait pas arrêté Marat, révolutionnaire non mitigé, celui-là) mais qu'elle est inexécutable, pas pratique, pas scientifique par conséquent. Il s'agirait en effet de faire, pour la France, ce que les politiciens algériens voudraient faire des Arabes : frapper d'ostracisme beaucoup plus de la moitié de la France, et non plus quelques membres de familles éminemment françaises, dont l'honorabilité et la fortune offusquent tel ou tel des députés et des journalistes radicaux qui, tout en se flattant d'être les meilleurs défenseurs de la République, font tout ce qu'ils peuvent pour la perdre, en énervant le pouvoir exécutif et effarant la population par des déclamations d'un autre temps.

Cette grande moitié de la France que, ne pouvant pas l'expulser, vous éloignez si maladroitement et si inutilement de la République, je voudrais, au contraire, la retenir avec nous, la ramener à vous-mêmes mieux éclairés sur la situation et les besoins du pays. C'est en vue de ces résultats qu'estimant que la conception de la nature de l'homme, telle qu'elle est présentée dans l'Ancien et le Nouveau Testament, est vraie, habituellement morale, quelquefois grande, et jamais inférieure à tout ce que j'ai pu démêler parmi les doctrines, préceptes et mythes attribués à tel ou tel philosophe oriental, que les savants seuls peuvent connaître et dont les idées sont moins saisissantes, moins élevées, dont l'autorité surtout est infiniment moins imposante que celle de nos livres saints, c'est en vue, dis-je, de retenir ou de ramener à la République la grande moitié de la 'France, qu'il conviendrait, selon moi, de laisser dire quelque chose de la Bible et de l'Évangile aux enfants des écoles laïques.

En le faisant, vous ne fausseriez nullement leurs idées, vous ne porteriez la moindre atteinte ni à leur moralité, ni à leur patriotisme, et vous donneriez satisfaction à des millions de parents, sans exercer la moindre tyrannie sur aucune conscience d'électeurs, supposés sains d'esprit et honnêtes.

Si vous l'aviez fait, plus de la moitié du pays aurait su gré à la République de sa résistance aux prétentions intolérantes de la minorité radicale du Parlement, et l'appui de cette partie importante de la population aurait permis de ne pas trop s'inquiéter des voix discordantes de cette autre partie du corps électoral qui n'a de force que par la peur qu'on en a, foule égarée, ignorante, ou simplement moutonnière, mais sauvage, parfois aussi, que rien ne saurait contenter qu'un sens-dessus-dessous général, au profit exclusif des partisans de la doctrine : ni Dieu, ni bourgeois, ni maîtres (*autres que nous-mêmes*, restant sous-entendu).

Cette doctrine n'est plus tenue secrète; elle est prêchée journellement par des candidats à la députation. Un de ceux qui prétendent remplacer Gambetta disait dernièrement : « Tout appartient aux ouvriers; tout, car tout a été fait par eux! Ils n'ont qu'un moyen de rentrer dans leur bien, c'est la force. Si la bourgeoisie résiste, tant pis pour elle ! » (Applaudissements.)

Il n'est pas jusqu'au Catéchisme auquel j'aurais cru bon et politique de faire quelque emprunt, ne fût-ce que pour montrer que, tout en jugeant nécessaire de séparer l'école de l'église, on n'entendait nullement renier ce qui mérite d'être respecté dans les usages et les traditions de nos populations françaises, car, même dans les centres industriels travaillés par les sectes collectivistes, anarchistes ou simplement révolutionnaires, le Peuple tient, tout comme le fantasque Diderot, à ce que ses enfants fassent leur première communion.

Je n'aurais donc pas craint de citer, par exemple, aux enfants des écoles républicaines, comme un idéal à graver au fond de leur cœur, ce que le catéchisme dit de la charité :

D. Qu'est-ce que la Charité ?

R. La Charité est une vertu surnaturelle, par laquelle nous aimons Dieu par-dessus toutes choses et notre prochain comme nous-même, pour l'amour de Dieu.

D. Que faut-il entendre par ce nom de prochain ?

R. Par le nom de prochain, il faut entendre tous les hommes, et même nos ennemis (1).

Le Catéchisme qualifie de surnaturelle la vertu qui rend capable d'aimer non seulement Dieu et son prochain, mais même ses ennemis. Le mot surnaturel sonne mal, je le sais, aux oreilles des positivistes, des matérialistes et des radicaux, et la préoccupation principale de la pédagogie nouvelle est de le proscrire ; cependant, présenté aux enfants avec l'accompagnement du texte que je viens de citer, ce mot serait bon à conserver, selon moi, car je ne vois pas de forme mieux appropriée à leur âge pour leur faire comprendre qu'ils ont, en eux, quelque chose qui peut aller jusqu'à rendre l'homme capable de faire ce qu'aucun animal ne pourrait faire : aimer son semblable comme soi-même, fût-il notre ennemi. Ce principe, tempéré par la légitimité incontestable de la défense personnelle, est, ce semble, le précepte le plus fraternel et le plus égalitaire qu'on puisse concevoir. Pratiqué consciencieusement, il assurerait le règne de la tolérance mutuelle et de la liberté mieux que toutes les lois imaginables.

Concluons donc que l'introduction d'un enseignement, non pas dogmatique, mais sincèrement religieux, dans les écoles laïques de la République, serait utile et opportune, dût-on — très inconsidérément, d'ailleurs, à mon sens,—associer à Moïse et à Jésus, dans l'esprit d'enfants de six à treize ans, tous ces noms en *tzeu* en *a* et en *i* (2) dont les érudits font

(1) Catéchisme du Diocèse de Paris, 1876.
(2) Kung-fu-tzeu, Lao-tzeu, Viasa, Gotana, Kapila, Patandjali, Sakiamouni, etc., etc.

volontiers parade dans leurs livres, mais dont pas un seul ne resterait dans la mémoire des élèves. Ce serait simplement de la science en pure perte, à la plus maigre gloire du professeur.

La moindre preuve de respect sincère pour le sentiment religieux en général, dans l'enseignement primaire obligatoire, aurait suffi pour prévenir ces défiances, ces plaintes des évêques, des curés, des parents, qui sont une cause d'affaiblissement pour l'autorité du gouvernement républicain.

## XII

### La science et le progrès sans Dieu selon les éducateurs républicains.

Mais, Histoire Sainte, Évangile, Catéchisme sont des choses dont il ne faut plus parler désormais aux enfants de six à treize ans, dans l'école obligatoire. Un instituteur d'école communale doit les dédaigner, ou les oublier pour le moins, sous peine d'être mal noté et même mis à pied, s'il n'a pas l'appui des meneurs électoraux de l'arrondissement. Tout ce qui touche d'une manière quelconque au divin est formellement prohibé, comme indigne de figurer dans l'enseignement des enfants d'une République française, qui ne doit plus reconnaître pour vrai que ce que la science démontre. Or la science se serait prononcée à ce sujet, paraît-il ; elle aurait établi d'une manière irréfutable trois faits : 1° que personne n'est parvenu à démontrer scientifiquement l'existence de Dieu (chose peu surprenante, puisqu'il n'est ni tangible, ni visible, ni calculable) ; 2° que la croyance en Dieu a fait plus de mal que de bien (ce qui est au moins contestable) ; 3° enfin qu'il est avéré que Jésus-Christ a été un imposteur, attendu que son histoire (écrite un siècle peut-être après sa mort, par des hommes qui ne parlaient pas sa langue) est pleine de récits tout aussi inadmissibles que l'arrêt du soleil par Josué.

Voilà, si je ne me trompe, le résumé de la pensée des savants officiels de la République, des hommes purs de toute superstition, les seuls, conclut-on, qui méritent désormais quelque confiance.

Que disent-ils donc et que savent-ils ces savants qui revendiquent, pour eux seuls, semble-t-il, l'infaillibilité que les
catholiques trouvent sage et commode d'admettre pour le
Pape, en matière dogmatiques, afin, j'imagine, de prévenir et
d'enrayer toute vaine dispute sur des choses essentiellement
mystérieuses ou de convention, qu'il importe à la paix de l'É-
glise de mettre hors de discussion.

Les catholiques ne font pas autre chose en cela que ce que
font les purs laïques, sans le moindre scrupule, pour l'inter-
prétation des articles de loi sur lesquels la Cour de cassation
a prononcé solennellement. Dans deux ordres d'idées différents, ce sont, de part et d'autre, des autoritées constituées,
reconnues et méritant de l'être.

Voyons si les pontifes de la science matérialiste ont droit
au même respect que le Pape et même que notre Cour de
Cassation.

## ÉTAT OFFICIEL DE LA SCIENCE POUR CE QUI
## CONCERNE L'EXISTENCE DE DIEU.

La science dont se prévalent les matérialistes aurait
appris à se passer de Dieu en démontrant que ce n'est point
par un être *incognoscible*, mais par la nature elle-même,
qu'aurait été créé et organisé tout ce qui existe ; c'est la nature, opérant spontanément sur elle-même, qui aurait tiré du
cahos cette infinité de merveilles qu'on admire de plus en plus
dans l'univers à mesure qu'on pénètre plus avant dans ses
secrets. Le créateur, à en croire ces savants, ne serait pas
autre chose qu'une force physique, calculable, aveugle, la
gravitation, l'affinité, qui, inhérente à la matière, aurait
tout fait, avec l'aide toute naturelle, estiment-ils, du Hasard,
agent nécessaire de leur cosmogonie.

L'âme humaine ne serait plus une émanation, un reflet du
Dieu créateur, un puissant secours prêté à la bête qui est en
nous, pour nous distinguer essentiellement des autres êtres
vivants et nous relever au-dessus d'eux ; ce serait simplement un mécanisme un peu plus perfectionné que le mécanisme de l'instinct, de l'intelligence, dont sont également
doués les autres animaux, même les plus humbles.

Pour la science de nos politiciens—matérialistes ou positivistes,—rien n'est plus simple et plus facile à comprendre que
l'avènement de l'homme sur la terre, sans l'intervention
d'un Dieu quelconque.

Une première cellule microscopique, une vésicule, un ovule,
un quelque chose que personne n'a jamais vu, qu'on suppose
gélatineux, serait né spontanément de la rencontre fortuite
de quatre ou cinq des soixante et quelques substances miné-
rales, dites corps simples, dont la Bible ne parle même pas,
n'étant pas plus forte en chimie qu'en astronomie, en géométrie et en physiologie : ce qui doit achever de lui ôter tout
crédit auprès des esprits éclairés. Cette première cellule en
aurait engendré d'autres, spontanément aussi, qui auraient
constitué des fibrilles ou autres matériaux entrant dans la
construction de tout ce qui a végété ou végète, de tout ce qui
a vécu ou vit à la surface du globe. Au moyen de cellules et
de fibrilles, les unes portant les autres, tous les êtres vivants
imaginables, depuis le plus imperceptible cryptogame jusqu'au mammifère le plus colossal, se seraient constitués,
toujours spontanément et tout naturellement, de même qu'a-
vec le temps une suite de gouttes chargées de sels calcaires
forme une couche rocheuse indéfinie, qui peut affecter toutes
les formes imaginables. Rien de plus simple. En effet, grâce
au hasard, être plus intelligent qu'on ne le croit communément,
et qui, dans la théorie nouvelle, remplace avantageusement
le Dieu de la Bible, grâce à des transformations spontanées et
sans nombre, grâce aussi à une heureuse suite de sélections
faites successivement par des vibrions, des zoophytes, des
mollusques, des insectes, des poissons, des reptiles, des
oiseaux, et enfin par toute la série des quadrupèdes—toutes
bêtes y compris les mollusques, grands connaisseurs en
beauté et en capacité, en même temps qu'amis du progrès—
grâce au concours persévérant de toutes ces intelligences, il
aurait suffi d'un nombre de siècles et d'une suite d'évo-
lutions qui se comptent par on ne sait combien de milliers
pour que l'homme apparût enfin, et toujours très naturellement, à la suite du marsouin, du cochon et du singe,
avec ses deux mains, outils incomparables, sa parole, instru-

ment indispensable de toute civilisation, et ce noble front, que les femmes honnêtes ont si grand tort de cacher, ce front qu'Ovide citait avec orgueil comme le don d'une faveur spéciale de Jupiter, l'Être suprême des païens.

Voilà donc l'homme debout et propre à tout, sans que Dieu s'en soit mêlé un seul jour; sans intervention du surnaturel, par conséquent : le surnaturel, c'est-à-dire l'incompréhensible, chose abominable, dont il ne faut plus souffrir qu'on parle dans des écoles républicaines, les enfants ne devant plus rien y apprendre qu'ils ne soient en état de démontrer catégoriquement à leurs parents.

Or, depuis que ce roi de la création, selon la Genèse, depuis que ce singe perfectionné par sa propre vertu, selon les matérialistes, depuis que le premier homme, en un mot, a pris possession de la terre, le phénomène des progrès spontanés des êtres vivants, qui, jusque-là, avait fonctionné si activement sur toutes les variétés de l'espèce animale, sans jamais s'arrêter ce phénomène inhérent, disait-on, à la matière organisée, semble avoir complètement cessé. Je ne sais pas si, moralement, notre espèce a fait des progrès dignes d'être mentionnés, mais il suffit d'avoir assisté à un conseil de revision pour en revenir convaincu que, physiquement, l'homme de nos jours ne peut guère se flatter d'être mieux constitué que nos premiers ancêtres de l'époque quaternaire.

Ni les transformistes, ni les évolutionnistes ne nous expliquent cet arrêt du travail de la Nature. Ce n'est pas le temps, ce semble, qui a manqué, car de nombreuses et très concluantes observations font remonter l'origine de l'homme à des temps que personne ne pense plus à chiffrer, à des temps qui ont suffi pour faire disparaître de nombreuses espèces, non moins bien douées pour vivre que tant d'autres qui subsistent. Mais que voulez-vous, le Hazard en a décidé ainsi.

Les matérialistes ne démontrent pas très clairement, à mon sens, un si brusque changement d'habitudes de dame Nature dans ses primitives générations spontanées, ses transformations fortuites et ses sélections progressives.

La Genèse, moins savante physiologiste, mais non moins sensée et plus pratique, explique le fait sans la moindre prétention savante, en disant que Dieu, ayant créé l'homme pour dominer sur tous les animaux, se reposa.

Sans trop s'inquiéter de l'arrêt des transformations de la nature animale, les positivistes, qui pourtant se justifient de leur dédain pour les idées métaphysiques, en prétendant ne rien négliger, au contraire, des faits patents et saisissables, les positivistes se contentent de faire remarquer que le progrès moral a pris la suite des progrès physiques, toujours, bien entendu, sans que Dieu y ait été pour rien. La science positiviste, qui vient ainsi à la rescousse de la science matérialiste, ne sert néanmoins qu'à moitié ses amis, les athées; Car ce n'est pas aux mêmes expédients que les positivistes ont recours pour se passer de l'intervention de Dieu. Au tout-puissant et quelque peu fantasque Hasard de leurs prédécesseurs, ils substituent l'Humanité, personnage en chair et os, avec lequel on peut en effet parlementer, mais tellement divers et complaisant, qu'on lui fait dire tout ce qu'on veut, suivant l'individu le moment et la manière qu'on choisit pour les consulter.

Donc, les positivistes disent : « Une fois l'homme venu au monde, il est arrivé qu'après une première phase de fétichisme, l'humanité a passé successivement par trois phases nouvelles, caractérisées par le système théologique, le système métaphysique et le système de l'intérêt personnel, systèmes dont chacun a été en progrès », assurent-ils, « sur celui qui a précédé. Il ne s'agit plus de sélection, c'est l'Evolution qui lui succède.

« Nous n'avons pas à rechercher, continuent-ils, la cause de cette loi, parce que nous ne nous occupons que des faits naturels, positifs, c'est-à-dire incontestables; mais cette loi évidente nous garantit la continuité de progrès futurs, et, notre Auguste Comte ayant constaté, par de savantes observations psychophysiologiques, que l'ensemble des sentiments dont l'intérêt se compose est formé d'égoïsme ( ce qui n'a jamais été douteux pour personne ) et de ce qu'il a appelé l'altruisme, nous sommes fondés à voir, dans cette découverte, le début d'une cinquième ère de l'humanité, qui sera nécessairement un progrès sur la précédente. Pour réaliser ce progrès, il suffira de cultiver scientifiquement l'élément humain méconnu jusque-là. »

Je me permettrai de faire remarquer, en passant, que, sauf le nom, la chose n'était pas aussi inconnue que les disciples d'Auguste Comte se plaisent à le dire. N'est-ce pas la charité des chrétiens, ou, plus généralement, l'âme pour les esprits arriérés, qui croient l'homme doté d'une partie immortelle et insaisissable, comme Dieu dont elle émane ?

Quoi qu'il en soit, Herbert Spencer, partageant la foi des positivistes dans la vertu de l'altruisme, ne doute pas « que, les modifications que la moralité a subies et qu'elle subit de nos jours, résultant de la loi fondamentale de la matière organique, ces modifications aboutiront à la perfection, et que ce que nous appelons le mal et l'immoralité doit disparaître. »

Dieu entende le docte évolutionniste !

Moins optimiste, Littré a dit à ce sujet : « Il est sûr que les conditions du monde organique et du monde inorganique ne seront jamais telles que le mal physique disparaisse ; à plus forte raison, le mal moral, étant d'une nature plus compliquée, et partant plus délicate, gardera, quelque atténué qu'on l'imagine, sa part d'empire. »

Je le crains aussi.

Malgré ces nuances diverses dans les espérances des maîtres du positivisme, l'École n'abandonne rien de ses prétentions de se passer de Dieu, et le numéro de novembre-décembre 1879 de la *Philosophie positive* contenait ce qui suit :

« Déjà une longue suite de travaux, d'efforts, de méditations, de découvertes et de luttes donne à l'humanité le droit de se considérer comme la véritable Providence, le seul Dieu qui préside à ses progrès. »

La conclusion, c'est qu'on peut marcher hardiment dans la voie nouvelle ouverte par Auguste Comte, sans avoir besoin de perdre son temps à la recherche de l'*inconnaissable*.

A cet égard donc, voilà les matérialistes et les positivistes parfaitement d'accord. Si les premiers ont découvert qu'il n'y avait pas de Dieu, les autres ont découvert, pour l'âme et la charité, un nom nouveau qu'on ne trouve ni dans la Bible, ni dans l'Évangile, ni dans le Catéchisme, pas même dans Zoroastre ou Confucius, nom magique destiné à transformer le monde.

Ainsi, c'est bien entendu : la science est là, sous le nom de sociologie, pour faire notre bonheur, en se chargeant à l'avenir du rôle du nouveau Dieu, le Dieu-humanité. C'est donc encore la science qui va suffire, comme pour la création, à assurer à la fois le bien-être et la moralité de tous. Le Hasard sera remplacé désormais par l'Altruisme, et la sélection sera faite par les adeptes attitrés de la science, c'est-à-dire par les positivistes, les libres-penseurs, les radicaux et les anarchistes, à condition toutefois que tous ces puissants réformateurs aient à leur service des journaux, des meneurs et des comités électoraux capables de les rendre maîtres du suffrage universel et du Parlement.

En matière de sélection, je crois volontiers que les uns et les autres sont plus capables que les penseurs à quatre pattes auxquels ils avaient réservé précédemment la mission d'amener le monde au point où Moïse nous l'a servi. Néanmoins, maintenant qu'il s'agit du bonheur futur de l'humanité, vieux sceptique que je suis, bien que croyant dans une certaine mesure, j'ai tant vu à l'œuvre de ces ministres du progrès, que j'ai peine à ne pas penser de leurs promesses :

Le moindre grain de mil ferait mieux mon affaire.

Toujours est-il que les différentes théories zoologiques et sociales résumées ci-dessus aussi exactement qu'il m'a été possible de le faire en peu de mots, n'ont qu'une seule et même conclusion, c'est que l'action du Dieu caché, mais tout-puissant et souverainement sage, admis jusqu'à ce jour, dans tous les temps et par tous les peuples, ne s'est jamais manifestée dans le passé, qu'elle n'a pas besoin de se manifester dans l'avenir, et que, par conséquent, c'est une hypothèse que la superstition seule peut conserver.

Qu'il n'en soit donc plus question, pas plus à l'école primaire qu'ailleurs !

Tel serait l'état actuel de ce que la plupart des républicains appellent la science, telle est leur conclusion au point de vue de ce qui concerne le sentiment religieux en général.

## XIII
*Dans*
### Croyance en Dieu de tous les temps.

Sans avoir la prétention d'être une autorité, pas plus en matière scientifique qu'en matière religieuse, il me semble permis de penser que la moyenne des membres du corps électoral, peut-être même du Parlement, ne m'est pas supérieure à cet égard, de beaucoup. Je pourrais donc me croire en droit de discuter les jugements et des électeurs et des députés qui les représentent, et même de contester le bien-fondé de leurs décisions. Ce qui me donne cette confiance, dans la modeste mesure exprimée ci-dessus, c'est que, depuis cinquante ans que je suis sorti de l'École polytechnique, j'ai toujours eu à cœur de me tenir au courant de tout ce qui a occupé les esprits cultivés, pendant ce demi-siècle, tout en faisant de mon mieux, bien entendu, mon métier d'ingénieur. J'ose donc dire, à l'imitation du noble esclave d'une comédie de Térence :

Homo sum, nihil humani a me alienum puto.

Toutefois, je dois avouer que, pour ce qui concerne l'existence de Dieu, son essence et ses attributs, mon esprit a été plus souvent rebelle que docile aux longues dissertations et aux démonstrations savantes de la plupart des philosophes en renom (1).

C'est en vain, pour moi du moins, que Descartes, Malebranche, Newton et Leibnitz, de vrais savants ceux-là,

(1) Platon, si hautement poétique dans sa prose, a cru sage de proscrire les poètes de sa république imaginaire. Je ne voudrais la mort ni des poètes, ni des philosophes; mais, pour Dieu, si ces derniers veulent faire croire en lui, comme les mieux intentionnés en ont témoigné le désir, qu'ils nous épargnent ces mots plus propres à vous faire donner au diable qu'à Dieu: le *moi*, le *non-moi*, le *devenir*, la *substance*, la *modalité*, la *volition*, l'*objectivité*, l'*innéité*, la *pierréité*, la *matière-naturante*, la *nature-naturée*, la *contingence*, etc.; sans parler des *quiddités* et des *eccéités*, qu'on a eu l'esprit d'abandonner, paraît-il.

(que je respecte infiniment), savants de tous les pays et de toutes les religions, c'est en vain qu'ils ont épuisé leur génie à organiser en système la croyance universelle du genre humain : le Dieu personnel, le Dieu du sens commun, le Dieu de la philosophie spiritualiste ; ils ne m'ont pas convaincu. Il m'a toujours semblé que, loin d'éclaircir les questions mystérieuses qui se rattachent à cet ordre d'idées, les profondes analyses des philosophes les mieux intentionnés font naître des objections et des doutes dans l'esprit du commun des martyrs (dont je suis et parmi lesquels je tiens à rester, du moment qu'il s'agit de questions qui intéressent l'humanité entière) bien plus qu'elles n'éclairent quelques natures plus ou moins capables de suivre des raisonnements quintessenciés.

C'est pourquoi j'ai toujours cru suffisant et préférable, pour ce qui touche à l'ordre divin, de s'en rapporter au consentement de tous les peuples et de tous les temps, consentement fortifié d'ailleurs par le sentiment intime de tout être de notre espèce dont l'âme n'a pas été oblitérée, soit par des habitudes vicieuses, soit par la manie de raisonnements sophistiques.

A plus forte raison, quand il s'agit de l'enseignement d'enfants de six à treize ans, et même d'un âge plus avancé, serait-il déraisonnable d'être plus exigeant, par rapport à un objet indiscutablement hors de notre portée, qu'on ne l'est, en géométrie, en physique et en chimie, pour des objets qui réclament certains postulats, bien qu'il dépende de nous d'avoir ces objets sous nos yeux ou dans nos mains.

C'est ainsi que, fort du suffrage universel de tous les peuples et de tous les temps — suffrage bien autrement universel que tout ce que nous appelons de ce nom, quand il s'agit de décider et d'imposer au pays des règles politiques pour quelques cas particuliers, règles d'un intérêt très secondaire après tout, relativement aux règles sociales qui dériveraient d'une saine et ferme croyance en Dieu, pour toutes les circonstances de la vie des hommes, des femmes et des enfants, — c'est ainsi, dis-je, que, d'autant plus fort de ce suffrage souverain qu'il s'accorde avec mon sentiment intime, je crois au Dieu personnel, au Dieu du bon sens, au Dieu des chrétiens, au Dieu de la philosophie spiritualiste, avec autant de certitude que je crois qu'il ne peut exister qu'une ligne droite d'un point à un autre et que les corps, même les plus denses, sont composés d'atomes suspendus dans une atmosphère impondérable. Oui, je crois en Dieu très fermement — *Credo* — tout en pensant, avec les positivistes, que Dieu, son essence, ses attributs et ses intentions sur l'humanité sont inconnaissables de l'homme vivant.

C'est à chacun de consulter sa conscience, qu'il tient de Dieu, pour se faire de ces objets une idée plus ou moins nette et je suis convaincu que cette idée aura d'autant plus de chance d'approcher de la vérité, qu'elle sera plus haute.

J'ai donc la foi, sans pouvoir m'imaginer que l'homme soit capable d'avoir autre chose en pareille matière. Ma croyance est pure affaire de sentiment, mais de sentiment intime, profond, inébranlable. Je ne suis nullement étonné, d'ailleurs, de ne pouvoir saisir nulle part la main de Dieu et de me sentir incapable de me faire une idée précise, certaine, indiscutable, d'un être qui ne peut exister qu'en étant, à la fois éternel, infini et impalpable, comme l'espace. J'y crois de la même manière que je crois qu'entre autres choses qui resteront toujours inconnues des plus savants, l'infini et l'éternité doivent exister, parce qu'il est plus difficile encore à l'homme de comprendre l'univers borné dans l'espace et dans le temps, que de le concevoir sans limites, infini. Borné de toute façon tel que je me sens, je me résigne sans peine à ne pas voir clair, de mes yeux, ni dans cet infini, ni dans cet éternel, ni dans ce tout puissant.

Je me contente donc de supposer en Dieu l'idéal suprême en toutes choses : puissance, sagesse, justice, prévoyance, la source en nous de tous bons sentiments, l'autorité de qui nous tenons la mission de poursuivre sur la terre l'œuvre providentielle du progrès, en consacrant notre intelligence, notre activité et nos forces à faire tout le bien dont nous sommes capables, chacun dans la mesure de ses facultés et de sa situation.

Dans cette disposition d'esprit, j'ai toujours respecté toutes les manières de croire en Dieu qui ont cours, ayant reconnu que, dans toutes— c'est-à-dire dans toutes les religions — se rencontrent, avec une sincérité incontestable, des intelligences très développées et des natures aussi parfaites que peut l'être la débile et complexe nature humaine. Je suis donc exempt de tout esprit sectaire, capable d'une certaine impartialité par conséquent.

En même temps, la vérité vraie, démontrée, a toujours eu pour moi plus de prix que toutes les conceptions imaginables, tant qu'elles restent à l'état théorique. C'est à ce point que, si l'on parvenait à me montrer que les idées des matérialistes, des positivistes ou des panthéistes suffisent pour donner des garanties de progrès pratiques au profit de tous dans l'ordre moral, je serais désarmé, malgré ma conviction que les uns et les autres partent non seulement d'un principe faux, mais de considérations compliquées, nuageuses, qui ne s'empareront jamais des esprits de tout le monde, comme devraient le faire des principes qui intéressent tout le monde. Je dis : tout le monde, en insistant sur ce point, parce que, comme je l'ai déclaré en commençant, je tiens pour suspecte toute théorie touchant la destinée humaine, qui n'est pas à la portée des masses, ou qui tendrait à laisser sans contrepoids chez elles l'égoïsme et tous les instincts de la bête.

Néanmoins, comme je n'aime ni la guerre, ni même les discussions, j'aurais gardé mes doutes pour moi, si le spectacle du désordre moral qui se développe sous un régime dont j'attends le relèvement de la France, ne m'avait mis en tête qu'il y a un devoir patriotique à remplir, sans plus tarder, en tentant d'appeler l'attention publique sur la vanité et le danger des prétentions athéistes des favoris de la partie la plus remuante et la plus téméraire du suffrage universel.

J'étais d'autant moins porté à m'exposer par là, de gaieté de cœur, au blâme de plus d'un ami politique, que, moi aussi, j'ai toujours cru au progrès, et que, depuis assez longtemps, je suis arrivé à penser que la mission de l'homme sur la terre, son premier devoir, est de contribuer à tout progrès véritable, en y consacrant toutes ses facultés, tous ses moyens, en faisant notamment, chacun de notre côté, le mieux possible, toute tâche qui nous incombe, que nous soyons savants ou ignorants, riches ou pauvres, robustes ou délicats, indépendants ou non.

Par conséquent, fidèle à la maxime : Aide-toi, le Ciel t'aidera ! je ne doute pas que ce soit par les hommes, par leur intelligence, par leurs efforts, que le progrès s'accomplira sur la terre, aussi bien dans l'ordre moral que dans l'ordre matériel.

Voilà déjà deux points de rapprochement possible avec les hommes dont je crois nécessaire de combattre les tendances. Néanmoins, la distance qui nous sépare reste encore tellement grande, que nous ne sommes pas près de nous entendre, parce que, si je crois au progrès en bien des choses, tant matérielles que morales, et à la capacité des hommes pour le réaliser dans des limites assez larges, je n'y crois qu'à la manière de ce vieux chroniqueur qui, racontant les hauts faits de nos ancêtres, en faisait honneur à Dieu, en les qualifiant de *Gesta Dei per Francos.*

En un mot, dans la religion où je suis né, qui est, je crois, celle de la France, sauf quelques exceptions, moins considérables qu'on ne le dit, j'ai un article de foi, auquel je tiens essentiellement, sans craindre qu'aucune des religions reconnues en France me l'impute à hérésie. Je crois que, depuis la constitution de la matière, dont l'élément primordial semble avoir échappé jusqu'à présent aux recherches des chimistes, je crois, dis-je, que depuis la concentration et l'agrégation de la matière cosmique en cette foule incommensurable de systèmes solaires dont chacun rayonne au milieu d'un espace indéfini, en gravitant tous, sans se heurter, vers on ne sait quel point de l'infini; depuis l'isolement et la consolidation de ce grain de poussière qui constitue le globe que nous habitons; depuis la constitution du premier ovule hypothétique d'où seraient sortis tous les êtres qui fourmillent végètent ou circulent dans les eaux, sur le sol et dans l'air; depuis, en un mot, ce que je considère comme les premiers préparatifs de l'avènement de l'homme, jusqu'à la constitution des nations les plus puissantes, les plus éclairées, les plus favorisées, je crois d'une manière inébranlable que c'est Dieu, toujours et partout Dieu et nullement une accumula-

tion invraisemblable de hasards tous heureux, qui a présidé
à la naissance et au développement de tout ce qu'il nous est
donné de connaître.

Sans prétendre être instruit des moyens, et encore moins
des fins dernières du Créateur, j'oserais supposer qu'il a employé successivement comme agents de sa volonté providentielle, d'abord la matière elle-même, animée de la force dont
il l'a douée, ensuite les premiers êtres organisés, pourvus par
lui, soit de forces aveugles comme les végétaux, soit, en
outre, d'instincts bornés comme les animaux, puis enfin sa
créature de prédilection, l'homme, qui — tout en étant doté
par privilège d'une âme et d'une intelligence lui permettant
d'avoir le sentiment de son origine et de se faire une saine
idée de son auteur, reste libre de le glorifier ici ou de le
renier là, suivant qu'il fait bon ou mauvais usage de son
libre arbitre.

Cette manière de voir me rend facile l'accord si désirable
entre la science proprement dite, que j'admire plus que la
plupart de ceux qui en parlent tant sans en connaître grand'-
chose, pourrait-on croire, et le sentiment religieux, pour
lequel je professe le plus sincère respect, quelle que soit la
forme sous laquelle il se produise, quels que puissent être les
moyens qui servent à l'entretenir, soit dans les individus,
soit dans les masses.

## XIV

### Théorie de l'action de Dieu sur notre monde.

Voyons ce que devient, à l'application, la manière de voir
que je viens d'indiquer, au point de vue particulier qu'on
pourrait appeler : Dieu dans l'histoire de l'homme et des
sociétés humaines !

S'il arrivait qu'on en vînt à reconnaître que les théories
qui portent le nom anglais de Darwin, bien que d'origine
française (1), s'il arrivait, dis-je, que ces théories compor-

(1) Benoit de Maillet (1656-1738) semble en avoir eu la première idée;
Diderot (1732-1784) se l'est appropriée; plus tard, Monet de Lamarck
(1809), a donné à cette idée des développements importants.

tassent l'extension que certaine école se plait à leur donner — prématurément, peut-être — c'est que toute cette suite d'animaux si divers dont les matérialistes aiment à nous faire descendre, aurait été employée par Dieu pour former progressivement l'être supérieur qui devait clore la série des transformations précédentes, en restant le chef-d'œuvre de la création terrestre et le point de départ des sociétés humaines auxquelles notre monde devait appartenir désormais.

Si, en outre, les convictions des positivistes, les passions antireligieuses des matérialistes, l'athéisme absolu des radicaux les poussant à presser fiévreusement la recherche et l'essai des moyens d'assurer aux générations futures le bénéfice de toutes les améliorations matérielles et morales dont le besoin se fait sentir incontestablement, si, dis-je, positivistes, matérialistes, radicaux et révolutionnaires parvenaient à réaliser, plus tôt que les prudents n'osent l'espérer, la partie réalisable de leurs utopies, ce serait, selon moi, que Dieu aurait employé, à ce nouveau progrès, jusqu'aux blasphémateurs de son nom.

En un mot, c'est qu'en tout cela forces naturelles, bêtes et hommes auraient été les agents plus ou moins inconscients de l'œuvre providentielle, chacun suivant sa capacité, chacun pour la part à laquelle il était le plus propre, de manière que tous se soient trouvés utilisés le mieux possible.

N'est-ce pas ainsi qu'aurait agi en pareille circonstance, soit un parfait organisateur de grands travaux, soit un pasteur de peuples tout-puissant et souverainement sage, si perfection, toute-puissance, souveraineté de sagesse, éternité surtout, pouvaient appartenir à l'éphémère habitant de notre petit monde sublunaire ?

Je n'ai garde de prétendre que les moyens d'exécution que je viens de supposer aient été ceux auxquels l'univers doit son existence. J'ai seulement voulu montrer par là qu'entre la science, entre le savoir positif, entre le *démontrable* comme on dit dans l'école, et l'idée de Dieu et de son intervention dans les choses humaines, ce que Littré appelle la conception théologique du monde il n'existe nullement cette incompatibilité, cette inconciliabilité, dont radicaux et athées se prévalent pour tenir tant à substituer dans les écoles primaires, à l'enseignement religieux, ce que le plus intelligent et le plus actif d'entre eux appelle l'enseignement de la *non-crédulité*.

Ce n'est donc pas à la science que je pense m'en prendre des troubles trop réels que font naître dans tant d'esprits modestes, honnêtes et foncièrement pacifiques, le dédain officiel de l'enseignement religieux et la méconnaissance avouée d'une saine idée de Dieu. Je suis même si loin de rendre la science en général, — ou même cette partie de la science qu'on appelle le *savoir positif* — responsables du mal dont il s'agit, que les différentes branches de ce savoir dit positif ne sont pas autre chose, selon moi, que la recherche et la constatation des lois divines, et que je considère cette recherche comme le commencement de la sagesse; convaincu que, si un peu de science, comme on l'a dit, peut éloigner de Dieu, beaucoup de science nous ramène toujours à cet *au delà* dont a parlé le plus original, le plus pratique, et le moins positiviste pourtant de nos savants.

Ce ne sont pas même les hommes dont je crois les doctrines pernicieuses que j'entends attaquer, lorsque je manifeste ma souffrance en voyant combien les applications qu'ils font de la science sont étroites, mal fondées et téméraires. A mon sens, les erreurs de ces hommes ne sont pas sans circonstances atténuantes, parce que ma théorie sur l'*au delà* de Pasteur, sur l'*inconnaissable* des positivistes, me fait regarder comme possible que ces hommes aient un rôle utile dans l'harmonie providentielle, le rôle, par exemple, de réveilleurs de la masse de tous les endormis, de tous les aveugles, de tous les sourds, qui resteraient trop souvent inertes, si on ne venait pas les secouer de temps à autre, même plus rudement qu'il ne semblerait charitable de le faire.

Je ne crains pas de l'avouer, ma vieille inclination pour la République va jusqu'à me donner à espérer que le parti républicain a été suscité, en France, pour y jouer ce rôle de réveilleur des endormis, pour être ainsi l'agent providentiel d'une régénération qui me semble nécessaire, si, comme je

l'espère, notre patrie est destinée, non seulement à ne pas
périr, mais à reprendre dans le monde son ancien rang d'ini-
tiatrice de ce qui est bien et bon en toutes choses.

## XV

### Nécessité de mettre fin à la guerre au Catholicisme.

Mais cette opinion que j'ai de l'avenir de mon parti, ce
préjugé, si l'on veut, ne me rend pas aveugle sur ses défauts
ni sur ses fautes. Je reproche sans hésitation au parti républicain d'avoir mal usé des bonnes fortunes qui lui sont échues
au milieu de circonstances à jamais déplorables. Le vieil
arbre de notre nationalité monarchique avait prêté ce qui lui
restait de sève à une greffe républicaine ; Thiers l'avait en-
tourée de soins intelligents ; ses successeurs la laissent envahir par des renaissances de sauvageons et des excroissances
malsaines, qui sont capables, si l'on n'y met ordre, de sté-
riliser l'arbre entier, peut-être même de le tuer.

Les républicains ne devraient pas oublier que la République actuelle est née au milieu des plus grands désastres que
la France ait subis depuis plusieurs siècles, et que c'est l'ex-
trémité où se trouvait notre malheureux pays qui l'a amené,
du jour au lendemain, à croire qu'un changement complet de
régime politique était nécessaire pour lui donner quelque
chance de se relever. Mais, tout en ayant perdu la foi dans
cette suite de monarchies multicolores, qui, toutes, s'étaient
montrées incapables de lui assurer la paix avec la dignité, la
France n'était pas républicaine. La majorité des générations
vivantes qui avaient vécu sous trois ou quatre régimes différents, conservait nécessairement, à différents degrés, des
restes d'inclinations bonapartiste, orléaniste ou légitimiste,
pas très robustes sans doute, mais plus anciennes que l'inclination républicaine; tandis que toutes étaient restées chrétiennes, non pas sans doute à la manière des peuples protestants du nord, ni à la manière des peuples catholiques du
midi, mais à cette manière un peu indépendante, éclectique,
sans façon, et par suite très tolérante, qui caractérise les amis

de l'à-peu-près, comme notre race française l'est, en toutes choses, sauf toutefois pour ce qui touche à l'honneur.

Les républicains n'ont pas tenu compte de ces différentes circonstances. Positivistes, libres-penseurs ou même athées pour la plupart, en même temps que plus ou moins jacobins et socialistes, ils n'ont pas même attendu que l'ennemi se fût retiré pour chercher à s'imposer, eux, leurs opinions et leurs croyances, plus impérieusement que nous ne l'avions jamais fait en pays conquis, du temps où nous n'avions pas perdu l'habitude d'être vainqueurs.

Les plus intelligents, les moins violents, ne paraissent pas se douter eux-mêmes, qu'ayant été accueillis par la France entière moins à titre de républicains qu'à titre de patriotes capables de la sauver, c'est à la France entière qu'ils devaient reconnaissance et dévouement. Leur obligation à cet égard était pourtant d'autant plus impérieuse que leurs efforts pour chasser l'ennemi avaient été moins efficaces. Cependant, une fois au pouvoir, ils ont paru ne plus penser qu'à eux-mêmes, à leurs amis, à leurs connaissances et à la troupe affamée de leurs flatteurs. Non seulement ils ont négligé, bafoué ou dépouillé ceux qui n'étaient pas de leur bord, mais, libres-penseurs intolérants, ils ont prétendu soumettre le pays entier à leur dédain pour les traditions les plus respectables. Incapables d'union entre eux, ils n'ont jamais pu s'accorder que pour combattre les instincts traditionnels du pays, et surtout la religion de la majorité, comme je l'ai rappelé dans les pages précédentes.

Je suis convaincu que ce sont là de très lourdes fautes, sur lesquelles il importerait de revenir le plus tôt possible, si l'on ne veut pas, à la fois, éloigner de la République la partie paisible et laborieuse de la population, et surexciter les passions subversives de la partie agitée et paresseuse. En tout cas, c'est une insigne maladresse, car, sauf les états-majors sans armée qui restent attachés aux représentants des anciennes familles régnantes, le gros de la population française, bourgeois, campagnards et ouvriers, avait adopté la république sans répugnance, malgré les sauvageries inouïes de ceux qui, au début, s'étaient donnés pour ses plus fermes défenseurs. Cette masse honnête constitue, pour un gouvernement ayant la prétention légitime de durer, une base bien autrement large et solide que les groupes sans consistance qui obéissent momentanément au premier agitateur venu, quitte à l'abandonner pour un plus téméraire ou un moins scrupuleux.

C'est donc contrairement à l'intérêt de la République, contrairement même à l'intérêt de leur propre ambition, que des hommes de talent, parmi lesquels j'aime encore à compter plus d'un ami politique, ont abusé de l'inertie de la partie sage du pays pour soulever et flatter les mauvaises passions d'une partie du corps électoral qui n'en est pas la majorité, et qui les abandonnera après en avoir tiré tout ce qu'ils sont capables de donner.

La faiblesse des gouvernements qui se sont succédé depuis que le parti républicain ne rencontre plus de résistance ouverte, a encouragé les violents et découragé les craintifs, et la constante impuissance de nos principaux hommes politiques, et de nos Chambres elles-mêmes, à faire autre chose que combiner toutes sortes de mouvements tournants contre plus de vingt millions de catholiques, en vue d'arriver sournoisement à leur retirer tout aide de l'État, menace de désaffectionner cette masse inoffensive de la nation qui ne paraît guère, ou même qui n'est pas admise à paraître au scrutin, mais dont l'influence pourrait se faire sentir un jour inopinément, d'une manière très embarrassante pour ceux qui la dédaignent.

Et quand on pense que, le plus souvent, ces démonstrations anti-religieuses, anti-catholiques surtout, ont été faites, ce semble, pour s'assurer l'appui de soi-disant républicains à qui aucune destruction ne semblerait suffisante, on n'en regrette que davantage la mauvaise inspiration à laquelle ont cédé des républicains, recommandables d'ailleurs à plus d'un titre.

Or, je le répète, la désaffection de la partie en quelque sorte latente du pays a été provoquée ainsi sans la moindre nécessité; car le milieu que l'on a troublé et agité sous prétexte de liberté de conscience, est, de sa nature, ressentiellement calme ; il aurait laissé faire, sans les discuter, et non sans quelque sympathie, la plupart des réformes administratives ou même sociales qui auraient paru capables de constituer un progrès véritable.

On aurait donc eu facilement pour soi cette partie considérable du pays : on s'est exposé à l'avoir un jour contre soi. Je le déplore, et je voudrais que les hommes importants du parti qui m'est toujours cher trouvassent moyen de s'arrêter dans la voie où la République s'est engagée si inconsidérément.

Sans autorité personnelle auprès d'aucun d'eux, j'ai la bonne fortune de pouvoir leur rappeler, à ce sujet, l'opinion de Littré, positiviste, franc-maçon et républicain, autant que le plus positiviste et le plus franc-maçon des aspirants hommes d'État du jour, mais réfléchi, sincère, indépendant, point sectaire, et désintéressé à coup sûr comme personne ne peut se flatter aujourd'hui de l'être dans aucun des huit ou dix partis politiques, socialistes ou religieux entre lesquels les Français se trouvent si malheureusement divisés.

Littré écrivait en 1879 : « Ne pas reconnaître que le catholicisme est resté la religion du plus grand nombre des Français, c'est se préparer, si on est philosophe spéculant sur la marche des sociétés, de graves mécomptes, et, si on est homme d'État, prenant part au gouvernement, de non moins graves mécomptes politiques. »

Cette opinion est la mienne, et je juge d'autant plus nécessaire d'y avoir égard, que le catholicisme, tel qu'il a toujours été entendu et pratiqué par notre race gallo-romaine, est, selon moi, un élément essentiel de notre nationalité, élément que je considère comme subsistant dans le sang de la majeure partie de la population.

Je suis même porté à croire que les variétés chrétiennes autres que le catholicisme, qui, à différentes époques, ont pris pied dans certains points du sol français, sont d'origine étrangère, Allemands et Suisses à l'est, Visigoths au sud, Northmans et Anglais au nord et à l'ouest, avec infiltration de juifs partout. C'est pourquoi, préoccupé, avant tout, de relever la France, je considérerais comme une sorte de parricide tout pouvoir qui, en s'attaquant au catholicisme, prétendrait faire prédominer dans notre corps social un sang étranger ou inconnu, à la place du vieux sang français, qui, pour le moment, est ce qui nous reste de mieux, au milieu de voisins aspirant tous à effacer notre race du nombre des peuples de l'Europe.

## XVI

### Obstacles à surmonter.

L'éloignement, la répulsion, la haine qui séparent la presque totalité des républicains de tout ce qui touche au catholicisme, tiennent à bien des causes capables d'agir long-temps sur des esprits aussi prévenus, même lorsque ces causes auront perdu leur raison d'être. Dans ces regrettables dispositions des républicains, il y a d'abord l'antipathie qu'inspirent d'anciens amis du trône, dont les principes religieux passent pour être inconciliables avec les principes de liberté qui ont triomphé. Il y a ensuite le mépris de l'esprit fort pour ce qu'il considère comme la faiblesse d'esprit du croyant. Il y a aussi un esprit de vengeance—plaisir des dieux, dit-on, mais mauvais conseiller—ou, pour le moins, chez les plus réfléchis, l'idée d'une revanche légitime de la part de sectaires politiques contre les persécutions anciennes et contre les tracasseries plus récentes dont leurs précurseurs ont été victimes de la part de sectaires religieux, quand ces derniers avaient l'oreille du pouvoir. Enfin il y aura long-temps la défiance du libre-penseur à l'encontre de la fausseté qu'il suppose si volontiers au dévot.

On conçoit, à la rigueur, que les esprits soi-disant forts, une fois que la jouissance ou l'expérience du pouvoir les aura apaisés, et que les esprits qui passent pour faibles, une fois que la force de leurs adversaires ne leur paraîtra plus contes-table, finissent par se laisser convaincre mutuellement qu'ils peuvent n'être pas moins sincères les uns que les autres, et que leurs principes ne sont pas inconciliables.

Il est certain, en effet, que l'Ancien Testament n'est pas

aussi monarchique qu'on voudrait le faire croire, et que l'Évangile est beaucoup plus socialiste qu'on ne semble s'en douter. Quant au catholicisme, accoutumé depuis dix-huit cents ans à façonner et à maintenir son unité au moyen d'une organisation admirable, en adaptant successivement le mieux possible les textes des Écritures aux habitudes et aux inclinations des générations qu'il a conquises au Christ, je ne doute pas qu'il ne cesse de paraître hostile à la République aussitôt que les républicains, devenus sûrs du lendemain, cesseraient de se montrer hostiles à l'idée de Dieu, à la religion et aux cultes traditionnels de la France.

Mais c'est la haine, l'esprit de vengeance, ces conseillers perfides, qu'il sera plus difficile de déraciner du cœur d'hommes à instincts insurrectionnels, vieillis dans les luttes politiques, où ils ont eu à subir si souvent de rudes défaites. Pour quelques-uns, c'est seulement par tradition politique qu'ils sont enclins à l'intolérance et à la violence, contre les catholiques ; pour d'autres, les plus inconciliables peut-être, c'est par tempérament, dominés qu'ils sont par l'antique esprit du Dieu impitoyable de Moïse, à l'égard de tout ce qui n'est pas eux. Ce vieil esprit des temps bibliques, propre aux sectaires de tous les pays, rend la majeure partie des républicains peu capables de l'esprit de rapprochement et de paix qui sera, je l'espère, l'esprit de l'avenir.

Je me plais à considérer comme esprit de l'avenir l'esprit d'égalité et de fraternité que la République revendique comme sien, et qui devrait, en effet, unir les enfants d'une même patrie, sous le gouvernement de tous par tous au profit de tous, tel que devrait être la République. Notre parlement et les gouvernements éphémères qu'il a créés s'imaginent que cet esprit sera inculqué aux générations nouvelles par l'athéisme d'État et par l'enseignement civique, dont nous avons vu quelques échantillons : c'est une illusion dont il est facile de prévoir l'échec, parce que les moyens décrétés sont le contre-pied de ce que réclame l'état traditionnel du pays, dont Littré a pu dire avec raison : « Le catholicisme est resté la religion du plus grand nombre de Français. » Or, un état de choses dépendant comme celui-là, non d'une loi de cir-

constance, mais du plus profond de la conscience héréditaire
d'une race, ne peut pas changer du jour au lendemain.

Depuis des siècles, depuis près de quinze cents ans, l'esprit
d'égalité et de fraternité avait sa source naturelle dans la tou-
chante théorie qu'exprime la première prière enseignée aux enfants de France. « Notre père qui êtes aux cieux.» Il ne manque
à cette invocation, pour être irréprochable, que de passer des
lèvres du fidèle à la pratique courante de sa vie. J'admets
d'ailleurs qu'il résulte de faits journaliers qu'à cet égard l'accord
entre la théorie et la pratique n'a jamais été aussi complet
qu'on aurait pu le désirer. C'est malheureusement ce qui arrive
presque toujours à ces deux sœurs, — les savants doivent s'en
étonner moins que d'autres ;—mais si la pratique laisse à désirer, la théorie n'en reste pas moins parfaite; et l'on devrait
en conclure que c'est bien plus dans le sens d'une observation
plus stricte de l'accord désirable des principes du chrétien et
de sa conduite, que dans le sens de la connaissance des droits
du citoyen, qu'il importait à l'état républicain d'améliorer
l'enseignement obligatoire des enfants de six à treize ans.

Au lieu d'améliorer, on a préféré détruire. C'est plus facile,
mais habituellement moins sûr, lorsque surtout on est si
peu fixé que le sont nos réformateurs de morale sur ce qui
remplacera ce qu'on détruit.

Donc la France avait, de temps immémorial, dans ses
usages scolaires, un précieux instrument de pacification des
esprits, de rapprochement et d'union; et c'est au moment où
la République en était venue à se trouver assise plus solidement que jamais, que les républicains, divisés sur tout le
reste, se sont accordés pour rejeter des écoles, comme matériel de rebut, le « Notre père qui êtes aux cieux » et
l'Évangile tout entier, si bien faits l'un et l'autre pour devenir les conciliateurs du passé et de l'avenir. En agissant
ainsi, le parti républicain a ajouté, sans nécessité, des divisions
religieuses aux divisions politiques que le changement de
régime avait créés; tandis qu'en gardant pour les écoles
de l'Etat, non pas l'enseignement dogmatique du prêtre, qu'il
convenait en effet de laisser à l'église, mais un enseignement
élémentaire de la morale chrétienne, la République aurait

pu, se donner l'appui de la partie paisible et laborieuse de la population, qui l'aurait aidée à lutter contre la partie agitée et, il ne faut pas craindre de le dire, peu amie du travail.

Je ne prétends pas que croire vaguement en Dieu et en Jésus-Christ suffise pour faire une génération exemplaire; mais je crois que, l'accoutumer à n'y pas croire, c'est la préparer à s'insurger contre toute loi.

Je ne me dissimule pas non plus qu'un trop grand nombre de soi-disant chrétiens n'ont guère le droit d'être considérés comme supérieurs, soit en moralité, soit en tolérance, à la moyenne des républicains positivistes et même athées. Il est certain que, dans le monde qui se dit conservateur—titre, que revendiquent également catholiques, protestants et juifs—beaucoup trop donnent le spectacle d'habitudes païennes, plus souvent qu'ils ne justifient leurs prétentions religieuses par la dignité et l'utilité de leur vie. Mais nous tous qui, dans les deux camps, donnons prise, plus ou moins, à ce reproche, si nous avons contribué par là à développer les convoitises et l'esprit de haine des malheureux qui renient Dieu et qui parlent ouvertement de détruire la société de fond en comble, c'est nous qu'il faut accuser de l'oubli de nos devoirs de véritable chrétiens ou de bons républicains, et non l'Evangile, encore moins Dieu.

Qu'on nous demande de commencer par nous réformer nous-mêmes à cet égard, je le comprendrais, malgré l'extrême difficulté de redresser un vieil arbre mal venu. — Encore conviendrait-il que l'exemple fût donné aux coupables par ceux qui les accusent. En est-il ainsi? Lequel des plus chauds partisans des réformes oserait le dire ?

Il faut donc reconnaître que c'est par la base que la réparation du vieil édifice doit être entreprise et, selon moi, pour qu'elle soit efficace, il importe de ne pas déshabituer les enfants de l'idée de Dieu et du respect pour la personne du Christ; il faut que, sans toucher aux traditions nationales du pays, une direction moins banale, plus haute, soit donnée, par l'Etat républicain lui-même, au sentiment spiritualiste et — ne craignons pas de le dire — au sentiment religieux des générations futures.

Nos politiciens ont des visées tout autres. Ils veulent bien s'emparer des enfants, mais pour les faire à leur image qui, ne leur en déplaise, ne vaut pas mieux que celle des soi-disant conservateurs tièdes, indifférents ou sceptiques. Or, changer un cheval borgne contre un cheval aveugle n'a jamais été un bon moyen d'avancer.

C'est donc l'État, mais l'État avec le concours de l'Église, ou des Églises, qui devrait procéder à la noble entreprise du relèvement de la patrie, chacun de son côté suivant sa compétence et ses moyens.

Il y a urgence, car, loin de diminuer sous le régime nouveau le mal dont il s'agit, c'est-à-dire la tendance, du haut en bas de l'échelle sociale, à vivre en païens des temps les moins recommandables de l'antiquité, cette tendance n'a fait qu'empirer depuis quelques années. Jamais, en effet, les couches sociales, comme on les a appelées, n'ont été séparées de toute façon autant qu'elles le sont aujourd'hui, sous une République assise pourtant d'une manière plus solide qu'elle ne l'avait été jusqu'ici en France. Cette division en est venue au point qu'on se demande si nous ne marchons pas, depuis quelques années, vers un retour à une sorte de guerre servile, comme celle qui mit autrefois la république romaine à deux doigts de sa perte, au plus fort de sa puissance. Avec l'instinct batailleur et insurrectionnel de la population mobile de nos grandes villes, ce danger serait plus à craindre qu'en tout autre pays.

Dans une situation pareille, s'efforcer, comme on le fait, d'éteindre le sentiment chrétien, est un crime de lèse-patrie ; car, on ne saurait le nier, pour réaliser l'idéal des riches et des pauvres, des forts et des faibles, des bien portants et des malades ne faisant qu'une même famille, il n'a jamais manqué à l'Évangile que d'être respecté et suivi. Seul, l'Évangile est capable d'opérer un pareil miracle, dans la mesure, bien entendu, que comporte l'imperfection native de l'espèce humaine. Mais, dans cette mesure, et malgré les attaches inextricables qui unissent notre âme à la bête dont l'homme est fait, n'avons-nous pas eu tous occasion de connaître de bonnes âmes chrétiennes qui réalisent journellement ce

miracle, avec un dévouement et une sérénité que l'enseignement des droits civiques ne saurait donner à lui seul ? Car,
les preuves n'en manquent pas, c'est moins par la mansuétude
que par l'aigreur et la violence que les principaux ennemis
de l'enseignement religieux se distinguent communément.
Dès lors, pourquoi se tourner de leur côté en leur sacrifiant
la partie paisible de la population, quand la France a un
si grand besoin de calme et de paix !

Je n'ai pas attendu d'être septuagénaire, ni de constater l'insuffisance des doctrines philosophiques des républicains de nos jours, pour croire à la nécessité de ne pas séparer l'idée républicaine, que j'aime autant qu'aucun de ceux
que je combats, d'une saine idée de Dieu et d'un profond
respect pour la morale évangélique.

L'opinion que j'exprime ici n'est donc pas faite pour les
besoins d'une cause qu'on pourrait croire passagère.

Toutefois, je dois dire qu'à mon sens les préceptes de
Jésus-Christ devraient être complétés, de nos jours, sur un
point qui n'a pas été touché, ce semble, par lui avec la
netteté qu'il a mise à tout ce qui concerne l'amour de
Dieu, l'amour du prochain et la vertu proprement dite. Je
veux parler de la nécessité du travail. De nos jours, le travail
est devenu la pierre angulaire de l'édifice social, et je pense
que, dans les écoles de l'État, la parole de l'énergique Saint-
Paul sur le travail devrait figurer en première ligne, parmi
tous ces préceptes d'égalité, de fraternité, de sagesse et de
patience qu'un instituteur intelligent puiserait à discrétion
dans l'Évangile.

Voilà cette noble parole du grand apôtre : « Qui ne travaille pas ne mérite pas de manger. »

Il faut donc que l'État, dans ses écoles, au nom de l'intérêt
social, que le prêtre dans son église, au nom de Dieu, insis-
tent sur ce point capital plus qu'on ne l'a fait jusqu'à présent; car, aujourd'hui plus que jamais, tout le monde doit
travailler, d'une manière ou d'une autre, de telle sorte que
tous contribuent au bien commun, chacun suivant ses facultés.
Tous nous devons bien nous persuader qu'on n'est pas inno-
cent des convoitises et des aberrations que provoquent, dans

les masses, les inégalités inévitables de force, de capacité, de situation, quand on jouit matériellement de la vie, au sein de l'oisiveté, sans avoir gagné honnêtement et dignement ce qu'on dépense, sans avoir été utiles à ses semblables.

Dans ma conviction que la morale de l'Évangile — inséparable des développements pratiques que saint Paul lui a donnés — n'a pas encore produit tout le bien dont elle est capable, dans ma conviction plus vive encore que ni Confucius, ni Zoroastre, ni d'autres moralistes anciens ou modernes, n'ont rien de mieux à offrir, pas plus aux enfants qu'aux adultes, pas plus aux célibataires qu'aux chefs de famille, je crois que c'est par l'Evangile qu'on doit essayer d'opérer le rapprochement désirable, nécessaire, entre la République et la masse catholique du pays. Tout le monde finira par le comprendre.

L'une aidant l'autre, la République, par l'esprit de liberté qui lui est propre, l'Église, par l'esprit d'égalité et de fraternité dont elle a le dépôt, je me plais à espérer que la nation entière parviendra ainsi peu à peu à se pénétrer de ce que j'ai appelé l'esprit de l'avenir.

Mais il faut absolument que l'État joigne ses efforts à ceux de l'Église pour l'enseignement des générations auxquelles cet avenir appartiendra.

Combien faudra-il de temps, par quelles épreuves passerons-nous, nous-mêmes, avant que cette douce espérance se réalise? Cela dépendra, avant tout, de la sagesse et du patriotisme, tant du gouvernement républicain, que des ministres des religions chrétiennes reconnues en France. Mais aussi longtemps que les républicains pourchasseront la religion catholique dans son clergé et dans ses coutumes traditionnelles, il est bien difficile que la paix se fasse, qu'un accord durable s'établisse sincèrement entre ennemis déclarés ; car, en prétendant faire l'école neutre, mais en l'ayant faite athée en réalité, il est évident qu'on a condamné à une défiance toujours menaçante toute la partie catholique de la population.

Pour mettre fin à un antagonisme aussi regrettable, la République n'aurait qu'à renoncer à l'esprit d'intolérance qui a dicté les différentes mesures prises dans ces dernières

années, à l'instigation d'une minorité animée de prétentions subversives, que les sages, les intelligents, les hommes
sérieux du parti ont eu si grand tort d'encourager par d'inutiles concessions.

Il est malheureusement évident que le pas en arrière à
faire dans le sens de la tolérance, coûtera plus à la majorité
des républicains, que ne lui coûterait un nouveau pas en
avant à faire dans le sens de l'intransigeance, parce que, par
tradition et par tempérament, ils sont anti-catholiques.

Il faut s'attendre, en effet, à ce que les républicains français, qu'ils soient libres-penseurs ou simplements protestants,
n'oublient pas de longtemps non seulement la Saint-Barthé-
lemy et la révocation de l'édit de Nantes, mais même les mes-
quines manœuvres soi-disant religieuses de la Restauration.

C'est en vain qu'on chercherait à leur prouver qu'au fond
la politique a été, pour le moins, autant que la religion dans
les guerres civiles et dans les massacres du XVIe siècle, et qu'à
cet égard les révolutionnaires français sont bien moins
fondés à reprocher ses violences à l'ère monarchique, que ne
le seraient ces amis de la paix et de la conciliation, qu'ils
appellent dédaigneusement les modérément républicains,
parce que ces modérément républicains souffrent moralement
et matériellement de tous les désordres et de toutes les
injustices, quels qu'en soient les auteurs, sans avoir, pour
compensation, cet espoir de vengeance qui soutient, dans
leurs défaites, les républicains si fiers, disent-ils, de n'être pas
modérés.

C'est en vain qu'on croirait pouvoir faire reconnaître aux
ennemis du catholicisme que, si le suffrage populaire avait la
valeur absolue qu'ils lui prêtent, les sauvageries de la Ligue
et les ineptes prétentions unitaires de Louis XIV devraient
être oubliées plus facilement par eux, plus ou moins enclins
au jacobinisme, que par nous, amis de la liberté et de la
justice pour tous, puisque ces actes de despotisme et d'intolérance ont été pleinement amnistiés par la majorité de l'opinion publique d'un temps qui est d'autant plus odieux aux
vrais patriotes, que la gloire et la prospérité de la France ont
été dans le cas d'en souffrir plus que le protestantisme.

On réussirait moins encore à détourner du passé les récriminations des républicains, si on s'avisait de leur dire qu'en obligeant ses employés à aller à la messe, la Restauration ne faisait pas autre chose que ce que font aujourd'hui tant de fonctionnaires haut placés de leur parti, dont les plus indulgents se contentent de ne pas laisser ignorer qu'ils n'aiment pas qu'on aille à la messe, tandis que, sans tenir compte du bien du service, ni de situations dignes d'intérêt, les plus zélés destituent, sans avis préalable, quiconque n'a pas son certificat de civisme bien en règle, c'est-à-dire bien appuyé par un électeur ou un député influent.

C'est autant de pris sur l'ennemi en faveur d'amis et de connaissances qui voteront pour nous, se disent sans doute ces Messieurs. Ils ne pensent malheureusement pas que c'est, en même temps, autant de pris sur la considération du régime nouveau, aux yeux de cette partie considérable du pays qui, ne vivant pas de la République, reste étrangère aux profits personnels que les politiciens en retirent.

Mais qui pourrait se flatter de faire entendre raison, je ne dis pas aux faméliques qui pullulent autour des donneurs d'emplois — on sait qu'ils n'ont pas d'oreilles, — je parle des porte-drapeaux et surtout des sectaires, qu'ils soient d'espèce politique, religieuse, ou simplement philosophique? Raison, tolérance, justice, et par suite liberté égale pour tous, sont choses inconnues des sectaires en général, pour peu qu'ils soient croisés de révolutionnaires, comme c'est le cas des sectaires républicains. Hélas! oui, le sentiment patriotique, qui, aujourd'hui plus que jamais, devrait dominer tout autre sentiment dans notre pays vaincu et isolé, ce sentiment n'est plus compté lui-même pour rien par un trop grand nombre de ceux qui s'appellent républicains, quand il s'agit de quelqu'une de ces prétentions intransigeantes qu'ils qualifient de principes.

Tandis que, pour tout Français, rien ne devrait paraître plus urgent que de se rapprocher et de s'unir en un faisceau respectable, personne n'en prend souci, pas plus à droite qu'à gauche.

Faudra-t-il donc attendre qu'elle soit éteinte, cette race des intransigeants républicains, qui se fait gloire d'être irréconciliable avec tous ceux de leurs concitoyens qui attendent pour venir à la République que la République se montre sage, libérale et largement française ?

Faudra-t-il, tout au moins, renoncer à voir la pacification des esprits et le rapprochement des enfants d'une même patrie se faire, en France, tant qu'il restera des représentants républicains de cette génération dont je suis un aîné, génération qui ayant lutté longtemps sans succès contre les gouvernements d'empereurs et de rois plus ou moins soutenus par les prêtres, conserve une haine inextinguible contre tout ce qui a touché à l'ordre de choses monarchique et se croit tenue de ne pas laisser subsister pierre sur pierre ?

Devrons-nous vivre plus longtemps sous ce régime de gouvernements de combat, que monarchistes et républicains se transmettent depuis si longtemps, sans y rien changer, que les victimes, à la grande joie de nos ennemis du dehors ?

Est-ce que le jour du centenaire de 89 viendra sans que, tous ensemble, nous soyons en situation de le glorifier, pour montrer au monde qu'à force de sagesse et de patriotisme, la génération vivante est enfin parvenue à refaire la France sur un type mieux approprié aux temps nouveaux, en remplaçant l'ancien régime, qui n'était plus viable, par un gouvernement véritablement républicain, c'est-à-dire par le gouvernement de tous, par tous, au profit de tous ?

Eh bien ! non, nous ne devons pas désespérer de voir ce glorieux centenaire célébré par la presque unanimité du peuple français, uni enfin et digne d'être envié de nos voisins, qui, à leur tour, peut-être, ne seront pas moins divisés eux-mêmes, alors que nous le sommes aujourd'hui.

Oui, je me plais à espérer que notre pauvre blessée peut se promettre la consolation d'être complètement remise sur pied, bien avant que le siècle soit écoulé, parce que, de part et d'autre, on aura fini par comprendre la nécessité de se rapprocher autour du lit de douleur de la mère commune, et qu'il suffira d'un commencement d'accord sur quelques-uns des points qui nous divisent le plus pour déterminer sa guérison.

Il faudra seulement que chacun y mette du sien, et, comme les républicains sont incontestablement les plus forts, ils devraient être les premiers à faire preuve de sagesse, en montrant qu'ils sont moins intransigeants qu'ils ne voulaient le paraître quand la légitimité de leur pouvoir était contestée.

Je doute néanmoins que mes coreligionnaires politiques soient capables de prouver leur force et leur confiance dans la solidité du régime existant, en se montrant conciliants, parce qu'ils sont politiciens, pour la plupart, beaucoup plus que politiques : or, le politicien, habitué à parler et à écrire contre tout ce qui existe, est sans égal pour démolir à tort à travers, quand le pouvoir lui échoit ; mais il ne faut pas attendre de lui qu'il fonde quoi que ce soit de durable. Il a la main trop rude et la tête trop agitée pour mener à bien une besogne qui demande de la prévoyance, de la dextérité et de la patience.

Le protestant Henri IV, le jacobin, le mahométan, le très libre-penseur Bonaparte ont pu comprendre que l'intérêt de la France leur commandait de se rapprocher des catholiques, parce que c'étaient de grands politiques. Il est à craindre que la majorité des républicains ne veuille pas le faire, ou ne le sache pas, parce que cette majorité est purement politicienne.

Qu'on ne se méprenne point d'ailleurs sur ma pensée: il ne s'agirait pas de faire de la République française une République catholico-démocratique, à l'instar de celle que l'honnête et malheureux Savonarole essaya à Florence, pendant trois ans, sans profit pour la liberté et au grand dommage d'un trop grand nombre d'œuvres d'art ; il s'agirait encore moins de revenir à cette république jacobino-protestante que Calvin a imposée à Genève, pendant plus longtemps que ne durent, en France, les monarchies constitutionnelles et autres ; il s'agit simplement de ne plus contrister et éloigner de la République les âmes de plus de vingt millions de catholiques français.

Ce ne serait pas très difficile, si on avait la sagesse de le vouloir sérieusement. Il suffirait qu'au lieu de se contenter de dire qu'on n'entend pas rendre irréligieux l'enseignement laïque et obligatoire des enfants, on le prouvât, en ne faisant plus rien qui portât atteinte aux habitudes religieuses de la majorité de la population, et en commençant par admettre en tête des programmes des écoles primaires l'enseignement d'une haute et saine idée de Dieu, avec obligation pour les instituteurs de respecter, sans y toucher, les dogmes des églises particulières, dogmes dont l'État ne doit pas connaître, parce que, comme je l'ai déjà dit, seuls, les parents sont bons juges de ce qui convient à leurs enfants en pareille matière.

## XVII

### Moyens de pacification.

Examinons d'un peu plus près ce que républicains, libres-penseurs et cléricaux — en les supposant tous bons Français — auraient à faire pour réaliser cette bienheureuse union patrio-tique dont le besoin se fait si vivement sentir.

## PREMIÈRE CONDITION DE RAPPROCHEMENT ET D'UNION PATRIOTIQUE

Il faudra d'abord que les républicains — positivistes, libres-penseurs ou athées — se persuadent que chacun de leurs quatre ou cinq groupes n'est pas, à lui seul, toute la France ; que l'ensemble lui-même de ces groupes n'est qu'une partie de la France ; qu'à eux tous ils représentent à peine la moitié du corps électoral, moitié qui, pour être la plus agitée et la plus téméraire, n'en est pas moins une très faible partie de nos trente-sept millions d'âmes, ayant toutes droit à être comp-tées comme non moins dignes d'intérêt que le reste.

Il faudra aussi que la majorité républicaine se rappelle que si, à l'effondrement de l'Empire, la France s'est confiée à notre parti et l'a adopté en bloc, sans y regarder de trop près, c'est qu'à ce moment critique elle nous a cru capables de l'aider à expulser l'ennemi vainqueur. Cet espoir a été trop cruel-lement déçu pour qu'il nous soit permis de faire les fiers à l'égard de ceux qui, blancs, bleus ou autres, nous ont tous indistinctement honorés de leur confiance. Hélas ! nous ne pouvons pas nous le dissimuler : il n'est pas un seul des groupes républicains qui ait le moindre droit de

croire le pays son obligé à cet égard, et jamais prétention
n'a été plus outrecuidante que celle de ces rodomonts qui, si
on les laissait faire, traiteraient volontiers en peuple conquis
ceux de leurs compatriotes dont les opinions politiques ou
religieuses sont autres que les leurs.

Il faudra enfin que, devant à un accident terrible la possession du pouvoir, sans avoir encore montré s'ils savaient
en faire bon usage au profit de tous, les républicains comprennent qu'ils ne pourront conserver longtemps la prépondérance, l'autorité matérielle qu'ils possèdent, qu'en s'effor-
çant de servir et de concilier les intérêts de la population
française tout entière, et non plus seulement les intérêts ou
les fantaisies de leurs différents groupes et de leurs amis et
connaissances, comme ils l'ont fait jusqu'à présent.

En un mot, les républicains doivent se faire libéraux et tolérants.

## DEUXIÈME CONDITION DE RAPPROCHEMENT
## ET D'UNION PATRIOTIQUE

En même temps, il faudra que, de son côté, plus scrupuleu-
sement encore et sans attendre davantage, le clergé catholique
se mette désormais au service exclusif de la France entière,
et non plus de telle ou telle faction monarchique pour
laquelle il a montré jusqu'à ce jour plus d'inclination qu'il
ne convenait aux circonstances et à l'intérêt bien entendu de
la religion. Les complaisances, les faiblesses que tant d'élus
républicains du suff. age universel montrent trop souvent en
public pour des opinions ou des actes que plusieurs d'entre
eux désapprouvent dans le particulier, ne sauraient être
invoquées comme excuses de la participation d'un certain
nombre de prêtres à des violences ou à des attaques contre le
gouvernement établi, violences ou attaques que les laïques
peuvent seuls se permettre, à leurs risques et périls.

Dans la situation présente de notre pays, le prêtre catholique doit s'abstenir sévèrement de tout ce qui pourrait le
faire confondre avec les partisans actifs d'un régime politique
quelconque. A ses yeux, légitimistes, orléanistes, bonapartistes, républicains doivent n'être que des frères, dont il n'a
pas à considérer les opinions politiques. La politique n'est

pas plus de sa compétence que les dogmes religieux ne sont de la compétence de l'État. L'État doit protéger toutes les religions, sans connaître d'aucunes, de même que le prêtre doit avoir des prières, et, au besoin, des secours de toute nature, pour tous ceux, indistinctement, qui en réclament ou qui en ont besoin.

Lors même que le rôle de combattant ne serait pas interdit au prêtre par l'Évangile, il devrait se l'interdire spontanément, afin de n'être jamais battu et de ne compromettre ni la considération générale dont sa personne a besoin pour assurer l'efficacité de son ministère, ni la religion, ni le nom du Christ, ni la foi en Dieu, dont la garde lui est spécialement confiée.

Tout citoyen peut très légitimement déployer au service de n'importe quel parti, l'ardeur et l'activité dont il est capable; il le doit même, pourvu que ce soit loyalement. A mon sens, le devoir du prêtre catholique est tout autre. Seul parmi nos dix millions d'électeurs, il doit s'abstenir absolument de prendre part aux luttes électorales, parce que, plus expressément que tout autre ministre d'un culte religieux, il se doit à tout moment, tout entier, à tous indistinctement.

C'est à cause de ce devoir de père spirituel de tous ses paroissiens que le prêtre catholique n'a pas charge de famille et que, jusqu'à présent, il a été très justement exempté du service de la caserne, où se perdraient inévitablement, au détriment des fidèles, les qualités spéciales qui élèvent un bon prêtre au-dessus des autres hommes, sans qu'il ait besoin d'avoir plus d'intelligence ou plus de talent, l'amour sincère de Dieu et du prochain suffisant pour justifier le prestige dont il importe qu'il reste entouré.

Le prêtre peut et doit aller sur le champ de bataille relever les blessés et leur donner ses soins, il ne doit, sous aucun prétexte, y paraître armé. Le prêtre catholique porte la robe, comme les femmes; comme elles il doit agir sur les hommes par l'influence morale, jamais par la force.

Si, comme il convient pour rester digne du respect de tous, le prêtre catholique met sa gloire à n'être pas autre chose que l'humble serviteur de Dieu et le fidèle représentant du Christ, on ne le verra plus hésiter à rendre à César, c'est-à-dire à l'État, ce qui est à César, et personne ne s'étonnera qu'en même temps il tienne à rendre à Dieu ce qui est à Dieu. Ayant la mission spéciale d'élever les esprits et les cœurs vers Dieu, et de cultiver les âmes qui en sont une émanation, il aura assez à faire, sans s'occuper de politique, d'apprendre aux enfants que le bon Dieu, le Dieu de vérité, leur prescrit d'avoir horreur du mensonge, d'aimer leurs parents, de leur obéir, d'honorer leurs maîtres et de travailler consciencieusement, pour être capables de rendre un jour à leurs proches et à la patrie les services qu'ils en ont reçus. En dehors de l'instruction religieuse, qu'il doit à tous ceux qui l'attendent de lui, que de soins, que de sacrifices de son repos incombent encore au bon prêtre! Il faut qu'à tout moment il se tienne prêt à aller consoler la Chananéenne, c'est-à-dire la païenne, à relever, autant que possible, les coupables, même la femme adultère, et à porter secours au premier venu, à l'imitation du bon Samaritain — l'hérétique du temps — que ce premier venu soit protestant ou catholique, libre-penseur ou athée, légitimiste ou anarchiste, orléaniste ou collectiviste, bonapartiste ou républicain de n'importe quelle nuance. Quand on sait ce qui se dit et se fait journellement, et tout le long de l'année, aux alentours de nos ministères laïques, peut-on s'étonner qu'une tâche pareille à celle qui vient d'être indiquée soit appelée saint ministère? Aussi, je ne crains pas de l'affirmer, du jour où le prêtre catholique mettra son honneur à rester étranger aux compétitions des partis et à remplir dignement son devoir de serviteur de Jésus-Christ, il conquerra non seulement le royaume de Dieu, qui est son espérance, mais par surcroît, la sympathie des électeurs les plus anti-religieux, sans rien perdre de la confiance respectueuse du reste de ses paroissiens. Le voyant irréprochable, les plus enclins à l'incrédulité seront ébranlés et n'oseront plus dire : « Dieu c'est le mal, » comme le font de soi-disant esprits-forts, maigres plagiaires de Proudhon, qui valait mieux qu'eux.

## TROISIÈME CONDITION DE RAPPROCHEMENT
## ET D'UNION PATRIOTIQUE

Il ne suffirait pas que les républicains fissent le sacrifice de leur prétention à traiter la France en pays conquis, et à lui imposer leur incrédulité, comme les Allemands imposent l'usage de leur langue à nos compatriotes alsaciens-lorrains; il ne suffirait pas que le clergé catholique fît le sacrifice de son inclination à favoriser les prétentions de la coalition des minorités monarchiques, qui lui sont plus bienveillantes que les républicains : il faudra qu'enfin on arrive à faire en sorte que la France entière puisse être représentée dans nos assemblées délibérantes au moyen d'une réglementation de l'exercice du suffrage universel, plus rationnelle, plus libérale, plus républicaine en un mot que la réglementation en vigueur, qui n'ouvre l'accès de ces assemblées qu'à la partie du corps électoral la plus passionnée et la plus batailleuse, considérablement augmentée de la partie moutonnière, toujours trop nombreuse, de telle sorte que le Parlement, par exemple, au lieu d'être une image exacte et complète du pays, pourrait, à un moment donné, n'en être qu'une charge méconnaissable.

Telle peut être, en effet, la conséquence du principe arbitraire de la représentation exclusive de la moitié des votants plus un, qui régit notre système électoral.

Ce principe, combiné avec une inégalité incroyable des contingents électoraux des différentes circonscriptions, fait qu'un député peut représenter jusqu'à quatre fois et plus d'électeurs qu'un autre, sans que sa voix compte davantage; il fait encore qu'un groupe d'électeurs peut rester sans représentant dans une circonscription, quoique ayant donné à son candidat quatre fois plus de suffrages qu'il n'en a fallu au candidat d'un groupe d'opinion différente pour assurer son élection dans une autre circonscription. Il arrive aussi, sous le régime de la loi électorale en vigueur, qu'une circonscription peut être représentée par l'élu d'une minorité ouvertement hostile à la majorité des électeurs de cette circonscription.

De ces anomalies, de ces vices de notre loi électorale, il résulte que non seulement les élus du suffrage universel ne représentent souvent qu'à peine la moitié du corps électoral, mais que, même à ne considérer que la partie du corps électoral qui se trouve représentée, on ne peut jamais répondre que ce soit la majorité de cette partie représentée dont l'opinion prévaudra au Parlement : c'est quelquefois la minorité.

L'institution libérale et véritablement chrétienne du suffrage universel se trouve ainsi faussée à ce point, par une organisation vicieuse, que l'on peut dire sans exagération que, sous le régime de la souveraineté du nombre, c'est la minorité qui pourrait faire la loi, à un moment donné. On n'a donc presque jamais l'assurance qu'une majorité constatée au Parlement sur une question déterminée, représente réellement l'opinion de la majorité du pays.

De là, mécontentements inévitables, non seulement de la partie du corps électoral qui, pour différentes raisons, n'est pas représentée au Parlement, mais même de celle qui, ayant vu ses candidats admis, avait lieu de s'y croire représentée.

Il y a plus, ce ne sont pas les adversaires inconciliables du régime républicain qui souffrent le plus de ces vices de notre loi électorale, ce sont plus particulièrement les esprits modérés de tous les partis, hommes de paix qui seraient du côté de la République si la République se montrait sage. Or, ce sont précisément ceux-là qu'il importerait le plus de voir intervenir dans le Parlement, entre les passionnés et les batailleurs, pour servir de contrepoids aux intransigeants des deux camps opposés ; ils faciliteraient, soit des rapprochements, soit, pour le moins, un *modus vivendi* favorables à la pacification des esprits et à la constitution de cette union patriotique que tout bon Français voudrait voir se former assez tôt, pour que le centenaire du glorieux mouvement de 1789 pût être célébré par la France entière, comme le début d'une ère nouvelle; ère de paix, de travail rémunérateur, de prospérité et d'honneur pour tous.

## XVIII

### Appel au clergé catholique.

Dans les pages précédentes, j'ai tâché d'appeler l'attention sur ce qu'a d'anti-libéral, d'injuste, d'irrationnel, d'impolitique et de dangereux pour l'avenir du pays, la direction donnée par le gouvernement républicain aux efforts — très louables à d'autres égards — qu'il a faits depuis plusieurs années pour assurer les bienfaits de l'instruction à l'universalité des enfants de la République.

J'ai montré qu'une forte inclination à l'athéisme et une haine invétérée contre le catholicisme et son clergé, c'est-à-dire contre plus de la moitié du pays, ont présidé, tant aux mesures adoptées, qu'à celles qui restent prévues et qui sont réclamées avec une insistance telle, que nos ministères chancelants ne semblent pas de force à les refuser longtemps, à ceux de leurs seigneurs et maîtres qui font et défont la majorité.

Enfin, préoccupé de la force croissante qu'une réglementation vicieuse de l'exercice du suffrage universel et la faiblesse habituelle du pouvoir exécutif donnent aux politiciens en général, et particulièrement aux plus téméraires et aux moins scrupuleux d'entre eux, c'est-à-dire aux partisans les plus compromettants de la République, j'ai indiqué trois conditions d'apaisement des esprits et de rapprochement des partis, conditions que je croirais capables de réduire considérablement les causes de divisions intestines qui nous affaiblissent. Je me flatte de l'espoir que, si l'opinion publique était amenée à imposer ces conditions au corps électoral, la République pourrait devenir, un jour, ce qu'elle doit être : le gouvernement de tous, par tous, au profit de tous, et que le relèvement de la France, dans l'estime du monde, s'ensuivrait naturellement.

La première et la dernière des conditions d'apaisement et de rapprochement proposées dépendent de la majorité républicaine du parlement : or, les dispositions actuelles de cette majorité ne permettent pas d'en attendre l'esprit de liberté égale pour tous, d'égalité loyale et de fraternité sincère, sans lesquelles ces conditions ne sauraient être réalisées, et il est évident qu'il peut se passer des années avant que ces dispositions changent.

Aussi longtemps que la politique du sens commun et du patriotisme n'aura pas pris le dessus sur la politique à l'ordre du jour; aussi longtemps que le : sus à Dieu! sus au clergé! sus au Sénat! sus à la magistrature! sus à l'armée! sus au bourgeois! sus au patron! animera, à différents degrés et de proche en proche, la majorité des républicains de la Chambre actuelle, il sera déraisonnable de compter sur la réalisation des espérances que nous avait données, à son avènement, notre très honoré Président de la République, lorsque, dans son message du 6 février 1879, il disait:

« Dans les projets de loi qui seront présentés au vote des Chambres, et dans les questions soulevées par l'initiative parlementaire, le gouvernement s'inspirera... d'un esprit de progrès et d'apaisement... Il se préoccupera du maintien de la tranquillité, de la sécurité, de la confiance, le plus ardent des vœux de la France, le plus impérieux de ses besoins... Dans l'application les lois, il sera libéral, juste pour tous, protecteur de tous les intérêts légitimes. »

Tout ce qu'on peut dire aujourd'hui de ce programme, c'est que, depuis quatre ans qu'il a été publié, il est resté à l'état de projet; on n'a même jamais cessé de s'en éloigner de plus en plus.

La première et la dernière des conditions d'apaisement et de rapprochement que j'ai posées ne peuvent donc plus être réalisées à bref délai : il faudra se contenter de les maintenir à titre de *desiderata*, pour y tendre incessamment, par tous les moyens qui se présenteront.

La deuxième de nos trois conditions serait moins difficile à obtenir, et c'est heureux, car sa réalisation ne laisserait pas d'aider puissamment à la réalisation plus ou moins complète des deux autres, en y préparant les esprits.

Cette deuxième condition est moins difficile à obtenir, parce qu'elle dépend presque complètement du clergé catholique français, corps peu nombreux, disciplinable, de tempérament plus enclin à la paix que les politiciens blancs, rouges ou autres; et que la sagesse et le patriotisme que la

situation réclame sont beaucoup plus capables de l'emporter
chez lui, que chez ses adversaires, sur ses traditionnelles inclinations monarchiques !

Si, en thèse générale, la paix peut être imposée par un
ennemi vainqueur, il n'en est pas de même d'un rapprochement sincère et durable, qui est la seule paix réelle : celle-
ci n'est assurée qu'autant que le vainqueur s'y prête par des
concessions équitables et des procédés encourageants. Mais,
les Républicains, qui disposent de la force matérielle, continuant de se montrer aussi éloignés qu'ils le sont aujourd'hui
de faire quoi que ce soit pour ramener à eux les catholiques,
on doit s'attendre à voir ceux-ci — les laïques surtout — rester
défiants : il faudra, au clergé lui-même, une bien forte dose
de charité chrétienne, une vertu véritablement surhumaine,
pour subir patiemment les témoignages journaliers de la
malveillance d'ennemis qui se disent irréconciliables, et pour
en venir à se rapprocher d'eux spontanément, sans arrière-
pensée.

Eh bien ! je crois le clergé français capable de cette vertu,
et j'espère que, des deux frères ennemis signalés au début
de cet opuscule comme étant en conflit, savoir : ceux qui se
disent serviteurs du peuple, et ceux qui sont faits pour être
à la fois les serviteurs de Dieu et les serviteurs du peuple,
j'espère, je crois fermement que c'est la force morale et la
sagesse de ceux qui sont les plus faibles matériellement qui
aura raison de l'incrédulité et de la violence des plus forts,
parce que la foi des plus faibles ne les laissera jamais désespérer de ramener les plus forts à de meilleurs sentiments.

Moi-même, simple laïque, quelque peu hérétique, je puise
ma confiance à ce sujet, à la fois dans ma confiance en Dieu,
qui commande de ne pas douter que l'avenir appartienne aux
plus sages, et dans ma foi républicaine, qui serait profondément ébranlée s'il m'était possible d'admettre que les républicains ne sauront jamais se rendre dignes de la puissance
politique qui leur est échue, en devenant non seulement sages
et libéraux, mais plus sages et plus libéraux que les monarchistes.

Il est de mode, dans le monde des journaux républicains,

non seulement chez ceux qu'on a appelés, assez peu respec-
tueusement, des *ruches à fiel*, mais même parmi ceux qui
sont relativement modérés, — il est de mode de dénoncer
journellement le clergé comme une troupe de sectaires, incapables de sagesse, même de prudence, et surtout de résignation
aux graves difficultés que le régime actuel leur a créées.
Lorsqu'un évêque ou un curé se soumet, sans récrimination,
aux lois qui le frappent ou qui le menacent, ces journaux
s'écrient : « C'est à n'y pas croire ! » Il y a pourtant une
raison considérable pour que la majorité des membres du
clergé catholique soit jugée capable, non seulement de
sagesse, mais d'une résignation et d'une charité impossibles
aux autres hommes : c'est que leur foi fait, de ces vertus, une
obligation formelle, à laquelle de bons prêtres ne sauraient
manquer, sans être coupables.

Voilà, en effet, ce que dit la loi suprême de tout prêtre
chrétien :

« Vous avez appris qu'il a été dit : œil pour œil et dent
pour dent. Moi, je vous dis de ne point résister au mal qu'on
veut vous faire. Si quelqu'un vous a frappé sur la joue droite,
présentez-lui encore l'autre. Si quelqu'un veut plaider contre
vous pour vous prendre votre robe, abandonnez-lui encore
votre manteau.

« Vous avez appris qu'il a été dit : Vous aimerez votre
« prochain et vous haïrez votre ennemi : Moi, je vous dis :
« Aimez vos ennemis, faites le bien à ceux qui vous haïssent
« et priez pour ceux qui vous persécutent et vous calomnient,
« afin que vous soyez les enfants de votre père qui est dans
« les cieux, qui fait lever son soleil sur les bons et sur les
« méchants et fait pleuvoir sur les justes et sur les injustes. »

« Soyez ainsi parfaits comme votre père céleste est par-
« fait. »

Je ne sais pas s'il se trouve rien de pareil dans ce qui nous
a été rapporté des préceptes de Confucius ou de Zoroastre ; ce
qui est certain, c'est que pas un prêtre chrétien n'ignore ces
commandements du Christ, et Victor Hugo lui-même — que
les plus implacables adversaires du clergé catholique revendiquent comme leur—a reconnu, dans ses *Misérables*, que

ces miracles de résignation et de charité ne dépassaient pas la mesure de la vertu d'un évêque français.

Tout se réduit donc à savoir si les bons prêtres sont en majorité dans notre clergé catholique.

S'il est vrai que ce clergé peut avoir à jouer un rôle important dans le rétablissement de la paix publique, comme je me propose de le montrer, il importe de commencer par rechercher s'il est capable et digne de remplir ce rôle au profit de la République.

Le clergé catholique français se compose, au plus, de 55,000 ecclésiastiques, dont 5,000 environ au service des archevêchés, évêchés et séminaires, et 50,000 au service des églises : ce qui fait à peu près un prêtre de paroisse par 750 âmes. L'État leur paye, par tête, moins que ne trouve facilement, aux environs de Paris, le premier garçon jardinier venu, n'ayant pas vingt ans.

Le clergé français a, dans le monde, la réputation d'être exemplaire au point de vue de la dignité de la vie privée, malgré quelques scandales dont les journaux ne manquent pas de faire trop grand bruit. Cette réputation est méritée : on trouve, en effet, qu'en englobant, dans les scandales dont on accuse les prêtres, les paroles imprudentes, les vivacités de gestes et les résistances à des lois qui les blessent, on n'arrive pas à constater, pour la totalité de ce que la presse appelle les hauts faits du cléricalisme, plus d'un sujet de critique ou d'accusation par semaine ; c'est, par an, moins de un pour mille hommes de tout âge. Et il ne faut pas oublier que ces hommes sont recrutés, en très grande partie, dans la population rurale, qu'ils sont soumis, par état, à des règles que pas un laïque ne saurait répondre d'observer pendant le cours entier de son existence, et qu'ils vivent dans des conditions telles, que pas une de leurs paroles, pas une de leurs actions ne peut échapper à la malignité publique.

Une défaillance par an et par mille têtes humaines de cette catégorie, en comptant dans les défaillances, non seulement les égarements de la bête, mais les susceptibilités et les révoltes de l'homme blessé dans ses sentiments intimes, c'est bien peu assurément.

Qu'on essaie de prendre, parmi les sénateurs, les députés, les membres de ce qu'on a appelé quelquefois le sacerdoce de la presse, ou encore parmi les poètes, les ingénieurs, les avocats, les médecins et les financiers, qu'on prenne, qu'on choisisse un millier d'hommes pris parmi les plus importants de l'une ou de l'autre de ces deux catégories — l'élite de la nation, ce semble, — qu'on scrute leurs pensées connues, leurs paroles avouées et leurs actes de toute nature, comme on fait pour les prêtres, et l'on verra combien il sera rare qu'une année se passe sans que, d'une manière ou d'une autre, beaucoup plus d'un de ces honorables aient manqué gravement à ses devoirs d'homme privé ou d'homme public ; et cela non pas une fois, mais plusieurs.

Donc, pour ce qui concerne la tenue, la prudence et les mœurs, il serait injuste d'intenter contre le clergé une accusation générale, car on ne saurait citer une autre corporation quelconque, de laquelle on ne soit pas en droit de dire, à ses adversaires : « Que celui d'entre vous qui est sans péché, jette la première pierre ! »

Au point de vue de la dignité personnelle, notre clergé catholique est aussi irréprochable que peut l'être un corps composé de 55,000 hommes faits de chair et d'os, comme nous tous, et il mérite pleinement la considération dont il jouit en France parmi cette majorité de la population qui, n'étant, grâce à Dieu, ni politicienne, ni radicale, ni anarchiste, bien que ne dédaignant nullement ni la liberté ni aucun des progrès réalisables, est très capable par conséquent de devenir bonne républicaine.

Reste à examiner si la doctrine que ce clergé enseigne mérite la même considération.

A cet égard, il importe de distinguer entre les principes et l'usage, la coutume : les principes, qui, donnés comme venant de Dieu, doivent être réputés immuables, et la coutume, qui, étant le fait des hommes, comporte des variations selon les temps, selon les lieux, et suivant les chefs qui impriment son mouvement au grand corps dont il s'agirait, pour le moment, de faire un agent de rapprochement et de pacification.

Une coutume quelconque peut devenir critiquable ; mais, comme elle est essentiellement réformable, il n'y a jamais lieu d'y voir un vice rédhibitoire à la charge du système qui lui a donné naissance.

Bornons-nous donc à examiner les principes. Ils se trouvent résumés dans ce qu'on appelle le *sermon sur la montagne*, dont j'ai déjà tiré ce qui concerne la conduite personnelle des disciples du Christ — des prêtres par conséquent, en premier lieu, — à l'égard des ennemis du christianisme. Quoi qu'en aient pu dire les passionnés propagateurs de ce qu'ils appellent la *non-crédulité*, ces principes forment un code de sincérité, de pureté, de simplicité, de modération, de charité et d'élévation morale, constituant le plus noble idéal de perfection qui ait jamais été proposé aux hommes. Je ne chercherai pas à le justifier. Aveugle ou irrémédiablement dévoyé quiconque n'en est pas saisi d'admiration !

Que cet idéal ne se trouve réalisé complètement nulle part peut-être ; qu'il ne l'ait même été presque jamais, en aucun temps, personne, aucun de nous autres, faibles humains, n'a le droit d'en être surpris, du moment que cet idéal est admis comme divin. Tout ce qu'on peut demander aux hommes qui le prêchent, c'est de s'en éloigner le moins possible personnellement, et de ne pas se lasser — par l'exemple et par la parole — d'y diriger la masse de leurs concitoyens. Cela, on peut l'attendre d'eux ; mais cela ne suffit point aujourd'hui, parce que la bonne volonté, la confiance des masses sont profondément ébranlées.

Aujourd'hui l'autorité du maître, dont l'Évangile nous fait connaître les préceptes, les commandements, et celle des églises créées pour propager sa doctrine, cette autorité est attaquée au nom de la science. Un philologue, un critique de premier ordre, écrivain séduisant (qui, après avoir passé par les séminaires, comme tant d'autres libres-penseurs, a changé de direction), vient notamment de publier quelques pensées qui pourraient être considérées comme une condamnation définitive du christianisme par l'école libérale. Je crois nécessaire de montrer que cette condamnation n'est pas sans appel.

Voici un résumé des considérants de l'éminent et consciencieux critique : « Ce n'est pas d'un raisonnement que vinrent mes doutes, c'est de dix mille raisonnements... Ne pouvant pas être protestant, parce que je reconnais qu'il n'y a que les catholiques de conséquents, j'ai dû cesser d'être chrétien... Comme il n'est plus possible de soutenir l'attribution du Pentateuque à Moïse, ni l'attribution à Isaïe de la seconde partie d'Isaïe; comme il est évident que le livre de Daniel est un apocryphe postérieur au temps de la Captivité, et qu'il existe des contradictions incontestables entre le quatrième Évangile et les synoptiques, je jouerais ma vie, et par conséquent mon salut éternel, plutôt que de ne pas voir ces contradictions »

La conclusion est que, « d'une part, la base de la religion chrétienne est ruineuse, et que, d'autre part, on n'est pas catholique, si l'on s'écarte sur un seul point de la thèse traditionnelle. » (1)

On se demande, dès lors, s'il n'avait pas raison, cet autre savant, précédemment cité, qui affirmait que « les religions n'ont pas qualité pour parler de morale, parce qu'elles reposent sur des bases fausses, et que, par suite, l'enseignement religieux devient fatalement l'école de l'imbécillité, l'école du fanatisme, l'école de l'anti-patriotisme et de l'immoralité. »

Heureusement, le savant philologue dont j'ai cité quelques phrases textuelles fournit des arguments rassurants contre ces conclusions pessimistes de notre savant physiologiste. En effet, avec sa sincérité habituelle, M. Renan déclare que tous les prêtres au milieu desquels il a passé son enfance, tous, tant en Bretagne qu'à Saint-Sulpice, étaient bons, charitables, honnêtes, empreints d'un profond sentiment de droiture professionnelle, que le goût de l'ordre et le dévouement au devoir étaient le principe de toute leur vie. Il semble que rien ne

---

(1) *Revue des Deux-Mondes*, n° du 1er novembre 1882.

manque à cet éloge. M. Renan y ajoute pourtant: il dit que
« plusieurs d'entre eux n'étaient pas moins savants que
saints, étant éminemment l'un et l'autre ; » que M. Le Hir
notamment, « héritier du vaste savoir de son prédécesseur
à la direction du séminaire de Saint-Sulpice et possédant la
pleine connaissance des travaux modernes des exégètes
allemands, avait la critique très exercée en tout ce qui ne
tient pas à la foi; celle-ci ayant seule, pour lui, un tel coefficient de certitude que rien ne pouvait la contrebalancer. »

J'avoue ne pas comprendre ce qu'on pourrait exiger de plus
d'un prêtre. Sans me dissimuler ma complète incompétence en
matière de foi et d'orthodoxie, ce mot de «coefficient» touche ma
fibre d'ingénieur : je sais qu'un coefficient est, en général, le
correctif nécessaire de toute théorie, quand on veut en faire
l'application à la pratique; du moment donc qu'un homme de
la compétence de M. Renan m'apprend que ce correctif est
admis, même pour un ordre d'idées sur lequel je n'aurais pas
osé me prononcer, je crains moins d'intervenir pour déclarer
qu'à mon sens, si nos prêtres usent, à l'occasion, du correctif
dont il s'agit, ils peuvent le faire sans mériter la réprobation
du public et sans cesser d'être capables et dignes d'exercer sur
lui l'influence la plus salutaire.

En effet, on doit considérer d'abord que les 55,000 prêtres,
payés moyennement par l'État à raison de trois francs environ
par jour, ne peuvent avoir ni le loisir ni la dialectique nécessaires pour se forger et aiguiser les dix mille raisonnements
qui ont mis le brillant écrivain cité plus haut dans le cas de
cesser d'être catholique, et même chrétien. Ensuite on conçoit
que, eussent-ils la moitié de ce loisir et de cette dialectique, nos
curés ne seraient pas pendables s'ils n'étaient pas tour-
mentés d'apprendre que l'histoire des temps de Moïse, telle
que nous la possédons, a été couchée par écrit par d'autres
que par lui. Pourquoi se tourmenteraient-ils à ce sujet plus
que nous n'avons été troublés, nous autres rhétoriciens de 1830,
quand on nous a appris que les poèmes de l'Iliade et de
l'Odyssée avaient été chantés pendant longtemps par toute
la Grèce avant d'être réunis sous leur forme actuelle ? Il me
semble aussi qu'au milieu des soins journaliers donnés

à sa paroisse, un très consciencieux desservant pourrait se
rappeler assez mal la date du livre de Daniel, sans se douter
que la solidité de sa foi dépend de la question de savoir si ce
livre est du temps des Machabées ou du temps de la Captivité.

On est reçu bon bachelier en faisant bien d'autres
confusions.

Enfin, pour répondre aux plus gros griefs de notre savant
et séduisant philologue, je dirai qu'à mon humble avis un
excellent prêtre pourrait remarquer quelques contradictions
entre le quatrième évangile et les synoptiques sans s'en
inquiéter, sachant que ce quatrième évangile fut écrit longtemps après les autres, et n'ayant garde de vouloir reprocher
quoi que ce soit à saint Jean, ce grand cœur qui, plus que
tout autre disciple du Christ, a consacré sa longue vie à
propager la pure doctrine de son maître, en répétant sans
cesse et à tout venant : « Aimez-vous les uns les autres. »

On peut être sûr, en effet, que partout où cette parole
d'amour se fait entendre, l'esprit de Jésus règne souverainement.

Pour rassurer, non pas peut-être une tête d'érudit et de
critique, mais un cœur de bon prêtre, il n'en faut pas davantage.

Les sœurs de St-Vincent de Paul en savent probablement
bien moins, en matière d'exégèse, que la plupart des prêtres
catholiques ; cela ne les empêche pas d'être aimées et vénérées
dans le monde entier, comme les plus dignes servantes de
l'Évangile, pour le plus grand dépit des politiciens rouges,
que la vertu immaculée de ces saintes femmes offusque.

Je crois donc avoir établi, par des considérations purement
rationnelles : 1° que la doctrine évangélique dont le clergé
catholique doit s'inspirer le rend éminemment propre à jouer
ce rôle de pacificateur des esprits que je voudrais lui voir
prendre ; 2° que la dignité de sa vie lui permet d'aborder ce
rôle le front haut, aussi bien devant cette partie de la nation
qu'on a appelée, pendant un temps, les *classes dirigeantes*, que
devant cette partie plus nombreuse qui dispose aujourd'hui du
suffrage universel ; 3° qu'enfin la sincérité de sa foi, et par
suite son autorité morale ne sauraient être mises en doute
sans une injustice qui irait jusqu'à la calomnie.

A un moment où la majorité des républicains, pleine d'indulgence pour les insanités ou les sauvageries de nos différentes catégories de révolutionnaires, en est encore à ne voir d'ennemis que dans le cléricalisme et dans l'orléanisme, on risque fort de passer pour aveugle, sinon pis, en considérant le clergé comme capable d'être un élément de pacification des esprits et de rapprochement des partis, au profit de la République.

Ne voyez-vous pas, dira-t-on, que, de tous côtés, chaque jour, évêques et curés s'insurgent contre la loi, de concert avec les monarchistes ; et que les uns comme les autres ne se soumettront jamais que contraints et forcés ? Je vois, en effet, qu'un trop grand nombre de membres du clergé ont manqué souvent de la réserve, de la résignation, de l'humilité qui, jointes à la sainteté, devraient être les caractères dominants de leur ministère ; je vois qu'ils se mettent ainsi dans le cas d'être confondus avec la partie militante des adversaires du régime existant : mais, tout en les blâmant de cette promiscuité compromettante, j'admets, en leur faveur, une circonstance atténuante, qui est précisément cette faute que les républicains ont commise en effaçant le nom de Dieu sur les programmes des écoles primaires, et en n'y laissant rien subsister de ce qui touche au sentiment religieux. Les chrétiens, en général, et tout particulièrement les clergés catholique et protestant n'ont pas pu n'être point profondément blessés de voir des germes d'athéisme semés ainsi au sein des générations futures. De là, les quelques imprudences qui leur sont reprochées par des hommes qui, en situation pareille, en auraient commis bien d'autres, et bien autrement graves.

Je n'ai pas besoin de revenir sur tout ce que j'ai dit dans les chapitres précédents de la gravité et de l'inopportunité de la faute première commise par la majorité républicaine, sans méconnaître d'ailleurs le droit qu'avait l'État de rendre l'instruction primaire obligatoire pour tous, et d'en exclure conséquemment tout ce qui aurait pu être en désaccord avec les dogmes particuliers de l'une quelconque des religions officiellement reconnues en France. Mais il évident que cette première faute, dont le gouvernement et le Parlement se partagent la responsabilité, a été aggravée, dans la pratique de la loi nouvelle, par l'entière liberté laissée à l'instituteur d'agir en membre du souverain, et notamment de désigner à leurs élèves les livres qu'ils doivent étudier pour compléter l'enseignement oral.

Dans l'état actuel de notre législation scolaire, du moment qu'un de ces livres—fût-il fait par le premier venu—a été adopté par l'instituteur, si le curé le juge capable de compromettre la culture de l'âme des enfants, il ne saurait signaler ce danger aux parents sans s'exposer à être dénoncé comme insurgé, et privé, comme tel, de son mince traitement; cela en vertu d'une ingénieuse espièglerie du Parlement, qui a pris soin de faire remplacer le mot de *traitement*, dans le texte du budget, par le mot moins obligatoire, paraît-il, d'*allocation*. Tandis qu'on en agit ainsi à l'égard des curés ou desservants indistinctement, c'est une bonne note pour un instituteur d'avoir figuré à un congrès où le mépris du curé et le dédain des religions reconnues par l'État lui ont été prêchés par quelque puissance politique du jour.

Telle est la loi, la loi c'est César. Or, César peut être Tibère, Néron, Vitellius, Commode; c'est toujours César, et Jésus-Christ a dit : « Rendez à César ce qui est à César. »

Les politiciens du cabaret de la commune, les électeurs influents du café du chef-lieu de l'arrondissement, le député, le sous-préfet (sa créature), sont là aux aguets, toujours prêts à rappeler au curé cette phrase de l'Évangile, la seule qu'ils en aient retenue. Pourquoi d'ailleurs mentionneraient-ils la suite : « Rendez à Dieu ce qui est à Dieu », puisque la loi ignore Dieu?

Il est dur assurément, pour un évêque, pour un curé, pour un simple desservant, d'assister impassible à ce qui, parfois, lui semble le règne du mal; on ne s'étonnera donc pas que, quoique libre-penseur, quoique républicain impénitent—indépendant, d'ailleurs, de toute coterie, — je trouve, dans cette dureté de la loi, des circonstances atténuantes en faveur des délinquants. Mais cela ne m'empêche pas de penser que l'intérêt du relèvement de la France exige du clergé qu'à l'avenir il s'astreigne à donner l'exemple de la soumission la plus complète aux lois de la République.

Aujourd'hui, il ne suffit plus, pour le clergé catholique, de s'abstenir de prendre part aux passions, aux intrigues des partis monarchiques; il faut ne plus jamais laisser prise aux plaintes, aux récriminations, même injustes, que les ennemis de l'idée de Dieu, du sentiment religieux, de l'ordre en gé-néral, de la mesure en toutes choses — dont Dieu est l'idéal — seraient heureux de pouvoir invoquer contre quiconque a consciencieusement fait vœu d'être soldat du Christ. Il faut que tout prêtre digne de cette noble fonction publique se persuade qu'il s'agit, pour le moment, de conquérir à Dieu la République. Sa foi aidant, il ne doit pas douter d'arriver à ce résultat; car il étonnera d'abord, et finira par désorienter les républicains par sa sainteté, en même temps qu'il acquerra un plus haut degré de considé-ration de la partie de la population, qui n'a pas cessé d'être chrétienne. Il n'en faudra pas davantage pour désorganiser l'ennemi et préparer sa défaite.

Ce n'est pas moi qui demande au clergé catholique de France de pousser jusqu'à l'extrême, l'esprit d'abnégation et le dévouement à la mission dont il s'est chargé; c'est son guide naturel, le Pape, et son maître, Jésus-Christ.

En effet, pour ce qui concerne la politique, Léon XIII a dit, en décembre dernier, dans une lettre encyclique adressée au clergé espagnol : « Il ne convient pas que les prêtres se jettent dans les luttes politiques; il ne faut pas qu'ils s'ex-posent à laisser croire que les intérêts temporels leur tiennent plus à cœur que les intérêts de la religion. Ils doivent veiller avec soin à ne jamais sortir de la réserve et de la gravité que comporte leur mission. En suivant cette règle de conduite, le clergé espagnol, nous en sommes persuadé, rendra chaque jour plus de services à l'État et aux âmes dont il a la garde, par sa vertu, par sa science et par ses travaux. »

Ces très sages paroles ne s'adressent pas moins au clergé français qu'au clergé espagnol; elles s'adressent *urbi et orbi.*

Pour ce qui concerne l'ensemble de la conduite des prêtres —je n'ai pas besoin de le rappeler aux nôtres,— Jésus-Christ exige bien plus que le Pape; il prescrit à ses représentants de donner leur robe à qui leur a pris le manteau, et de tendre la joue gauche à qui a frappé la droite. C'est-à-dire que, pour être parfait, un prêtre doit être capable de faire, en toute circonstance, des prodiges de tact, de patience, d'humilité ; c'est par là qu'il étonnera, qu'il désarmera, qu'il ramènera au bien les ennemis de Dieu, par la supériorité de son désintéressement et de son courage.

Il n'appartient pas à un laïque (que plus d'un catholique jugera peut-être quelque peu mécréant, tandis que plus d'un radical le traitera d'*orléaniste*, la grosse injure du moment), il ne lui appartient pas de dire si ce comble de vertu que j'ose demander à nos 55,000 prêtres est à leur portée ; mais je tiens pour certain qu'il n'en faudrait pas moins pour remettre à la tête de la civilisation notre malheureux pays dévoyé, et depuis longtemps, par des sectaires d'irréligion.

Je crois, en même temps, que, si la France républicaine pouvait être témoin pendant quelques années du spectacle d'un pareil retour aux premiers temps du christianisme, de la part, du moins, de l'humble *armée du salut* dont je viens de parler, le suffrage universel se sentirait peu à peu ramené à Dieu, sans cesser d'aimer la liberté et le progrès. Alors, nous tous qui voudrions continuer d'être fiers d'être Français, nous pourrions espérer qu'après avoir eu le droit de dire avec Guizot : « Au XVIIe siècle, c'est la royauté française qui agit sur l'Europe ; au XVIIIe, c'est la société française », on dirait dans l'avenir : « Au XXe siècle, c'est le peuple français, c'est-à-dire la République française, qui agit sur le monde, étant devenue enfin le gouvernement de tous par tous, au profit de tous, avec Dieu pour idéal. »

Le XIXe siècle n'aurait pas été perdu, pour l'honneur de la France ; il aurait été le temps d'une sorte d'apprentissage professionnel de peuple initiateur : pénible et bien dur apprentissage !

Dans ce qui précède, j'ai eu recours à des considérations générales et au témoignage de M. Renan pour établir les titres qu'a le clergé catholique français au respect de tous, en ce qui concerne la respectabilité de sa vie, la sincérité et la fermeté de sa foi.

Il ne serait pas difficile de trouver, en France, un très grand nombre, une foule d'exemples particuliers dignes d'être cités à l'appui de la vérité qu'il importe d'établir à ce sujet; je préfère néanmoins en prendre un en dehors de notre frontière actuelle, parce qu'il montre d'une manière plus saisissante que ne pourraient le faire d'autres moins complets, que, contrairement à l'affirmation de M. Paul Bert déjà citée, l'enseignement religieux peut devenir une école de dignité parfaite, de sagesse accomplie, de patriotisme exemplaire et de très haute moralité. C'est par là que je terminerai ce chapitre, en reproduisant la lettre de Mgr Dupont des Loges, évêque de Metz, à qui le gouvernement allemand venait de conférer, sans le consulter, la décoration de l'ordre de la Couronne de fer.

Metz, le 16 décembre 1882.

Monsieur le maréchal,

J'ai reçu la lettre par laquelle Votre Excellence m'informe que Sa Majesté l'Empereur me confère un de ses ordres pour reconnaître le soin que j'ai pris de procurer aux catholiques allemands résidant à Metz de nouvelles facilités pour remplir leurs devoirs religieux.

Je suis touché du haut intérêt que le souverain daigne prendre aux efforts que nous faisons, mon clergé et moi, au milieu de graves difficultés, pour venir en aide au grand nombre d'âmes dont la direction spirituelle nous est confiée.

Cependant, Monsieur le maréchal, la distinction que vous m'annoncez me surprend autant qu'elle me confond. Dans les mesures récentes que j'ai cru devoir adopter après de mûres et sérieuses réflexions, je n'ai eu d'autre mérite que celui de satisfaire à l'obligation que m'impose ma conscience d'évêque envers près de dix mille catholiques que les circonstances ont amenés à Metz, et qui ignorent plus ou moins complètement la langue française, la seule parlée par l'ancienne population messine.

Votre Excellence me permettra d'ajouter l'expression d'un regret.

Pendant près de trente ans que j'ai eu l'honneur d'appartenir à l'épiscopat français, plus d'une fois le gouvernement me fit pressentir au sujet d'une semblable distinction, qu'il semblait désireux de me conférer, et chaque fois il voulut bien renoncer à son projet, par égard pour ma résolution de me tenir à l'écart de toute préoccupation politique, et de me renfermer rigoureusement dans mes devoirs d'évêque. En cela, je croyais devoir donner à mon clergé un exemple salutaire.

Si vous m'aviez confié d'avance les intentions trop bienveillantes de l'Empereur à mon égard, je vous aurais prié, Monsieur le maréchal, de plaider auprès de Sa Majesté la même cause, que me rendaient doublement chère et la fidélité à mon passé et la religion des souvenirs.

Veuillez agréer, Monsieur le maréchal, l'hommage de ma haute considération.

† PAUL,
Évêque de Metz.

Voilà ce que peut dire et faire un digne prêtre, sous le joug d'un ennemi déclaré et de sa patrie et de sa religion.

Voilà ce qui peut sortir de cet enseignement religieux qu'un homme du jour des plus influents dénonce au public comme une école d'imbécillité, de fanatisme, d'anti-patriotisme et d'immoralité !

## XIX

### Appel aux hommes modérés de tous les partis.

Si je juge nécessaire de demander au clergé catholique français d'observer plus strictement qu'il ne l'a fait jusqu'ici les commandements de son maître, confirmés par les conseils de son chef, en faisant à l'avenir des prodiges de tact, et même d'abstention, pour tout ce qui touche à la politique et aux lois existantes, je juge plus nécessaire encore que les hommes modérés de tous les partis sortent, à cet égard, de leur inertie habituelle, et cessent de laisser le champ libre aux agitateurs de droite et de gauche. Ce n'est pas en gémissant au coin de leur feu sur la situation présente, qu'ils l'amélioreront tandis qu'il serait possible (en agissant, ensemble ou séparément, chacun suivant ses facultés et ses moyens) de jeter, dans la balance des élections le poids de leur modération, de leur expérience et de leur sagesse. En attendant ces grandes occasions de se compter, ils peuvent utilement s'exercer à l'activité politique, et se charger notamment de toute juste réclamation que pourraient provoquer les pouvoirs locaux. Les modérés rempliraient ce devoir civique avec plus de mesure et d'autorité, que les adversaires passionnés de la République et ils seraient plus écoutés que les prêtres.

Si le devoir et la prudence s'accordent aujourd'hui pour que le prêtre se soumette sincèrement à César en ce qui concerne la vie civile, le devoir du citoyen et son intérêt sont tout autres. Le citoyen doit une partie de sa sollicitude à l'intérêt public, non seulement parce que l'intérêt public est une partie de son propre intérêt, mais parce que la Patrie, qui l'a fait ce qu'il est, a droit à ses services. Un électeur qui se confine dans le soin de ses affaires personnelles, en se désintéressant des affaires publiques de son pays, agit en étranger. Il n'est plus français, et les partis militants sont fondés à n'en tenir pas plus compte que s'il n'existait pas. On sait s'ils s'en privent.

C'est ainsi que nous voyons souvent des minorités se flatter très légalement d'être l'Opinion publique, le Peuple, le Pays, bien que la France soit loin de partager toujours leurs passions ou leurs erreurs.

Comment osent-ils se plaindre, les hommes modérés des différents partis, que la violence et la démolition triomphent, quand ils n'ont rien fait, ni pour tempérer les passions intransigeantes de droite ou de gauche, ni pour s'opposer à l'invasion des démolisseurs de la gauche extrême? Eux seuls seraient capables d'intervenir efficacement entre des prétentions inconciliables, pour départager les combattants, donner de la force et de la stabilité au pouvoir exécutif, faire pencher et porter la majorité du Parlement tantôt du côté de la liberté, quand ils jugeraient, dans le calme de leur expérience, que la liberté est nécessaire, tantôt du côté des réformes et du progrès, quand le progrès leur paraîtrait possible ou opportun.

Donc, après la faiblesse de nos gouvernants, c'est l'abstention des hommes modérés de tous les partis que j'accuserais de l'état de malaise intérieur du pays et de son impuissance à l'extérieur, si le vice de la réglementation actuelle de l'exercice du suffrage universel — vice que j'ai signalé précédemment, au chapitre XVII — n'était, à mon sens, une excuse possible de leur abstention, sans qu'ils paraissent d'ailleurs s'en douter.

Cette circonstance atténuante existe incontestablement pour les élections parlementaires, parce que les hommes modérés des différents partis ayant naturellement des inclinations politiques diverses, toutes plus ou moins conservatrices, il leur est plus difficile de constituer leur majorité en un tout compact, qu'à une minorité passionnée qui, prétendant détruire soit la République, soit l'ordre social, trouve, dans l'unité et la simplicité de son but, une cause de discipline qui manque aux modérés. Sous le régime de la réglementation actuelle de l'exercice du suffrage universel pour les élections parlementaires, une fraction de modérés ne pourrait l'emporter sur ses adversaires de droite ou de gauche qu'à condition d'être plus nombreuse, à elle seule, que toutes les autres réunies. C'est exiger l'impossible. Les modérés se trouvent ainsi exclus du Parlement par le fait de la loi, sauf quelques cas accidentels, trop rares pour produire un effet utile.

Mais, si la loi électorale en vigueur ferme l'accès du Parlement aux hommes modérés des différents partis politiques, ils pourraient se faire place dans les conseils municipaux, non seulement parce que les intérêts municipaux les divisent moins que ne font les intérêts politiques ou religieux, mais parce que, dans ce cas, la réglementation spéciale de l'exercice du suffrage universel leur est, elle-même, beaucoup moins défavorable.

Ainsi, à qui fera-t-on croire que, dans Marseille, par exemple, commune de plus de 300,000 âmes et comptant plus de 60,000 électeurs, les 36 sièges du Conseil municipal seraient constamment accaparés par 15 à 16,000 électeurs intransigeants, si une moitié seulement des trois autres quarts voulait se rapprocher et s'entendre pour prendre part au scrutin?

On pourrait citer un assez grand nombre d'autres exemples d'une minorité disposant, contre la majorité, de tous les pouvoirs que la loi attribue aux Conseils municipaux.

Qu'on juge, d'après cela, ce qui arriverait si le Parlement commettait la faute de rendre les communes indépendantes de l'État, sans avoir préalablement assuré aux différents groupes d'intérêts d'une commune la faculté de se faire représenter au Conseil municipal proportionnellement à l'importance numérique de chacun de ces groupes.

Ce principe rationnel, juste, libéral, une fois substitué, dans la loi électorale au principe brutal de la représentation exclusive de la moitié des votants plus un, le suffrage universel pourrait devenir une vérité, et les électeurs qui s'abstiendraient sans raison indépendante de leur volonté, mériteraient, soit d'être frappés d'amende, soit même d'être rayés de la liste électorale, au moins pour un temps.

Au moyen de l'introduction du principe de la représentation proportionnelle de tous, les majorités des assemblées délibérantes deviendraient capables de représenter la majorité réelle, soit du pays, soit des communes, et leurs décisions acquerraient toute l'autorité nécessaire pour devoir être respectées de tous ; tandis que, sous le régime de la réglementation en vigueur, cette autorité est toujours cont stable. Ce n'est pas la moindre cause de l'insécurité du présen.

Mais une réglementation plus rationnelle, plus juste, plus libérale, plus républicaine par conséquent, que la réglementation actuelle, ne servirait de rien, si les hommes modérés des différents partis qui nous divisent — et nous diviseront encore pendant longtemps — continuaient de s'endormir dans l'inertie dont ils font preuve à Marseille et ailleurs. Un bon outil ne vaut quelque chose qu'aux mains d'un bon ouvrier.

L'important pour tout homme, et surtout pour tout citoyen digne de ce nom, est d'avoir une cause qu'il aime, d'avoir foi en quelque chose, et c'est malheureusement ce qui semble faire défaut chez le groupe considérable, tant par le nombre que par l'utilité matérielle, dont il est question dans ce chapitre. C'est donc par la foi que ce groupe devrait commencer à se rendre apte au rôle qui pourrait lui échoir, s'il le voulait, dans le relèvement de la France. A défaut d'une foi spontanée, qui ne se commande pas, les hommes modérés, c'est-à-dire sceptiques et indolents en dehors de ce qui concerne leurs affaires, ces hommes devraient appliquer leur intelligence à se faire la foi réfléchie et pondérée qui convient à leur tempérament.

Il devient nécessaire au relèvement, au salut de la Patrie française, que ces hommes, très utiles comme particuliers, mais si inutiles comme citoyens, se mettent à aimer autre chose que leurs commodités, et à croire à autre chose qu'à la force et à l'habileté.

Si ma voix pouvait les atteindre, je les engagerais à méditer les pensées suivantes d'Edgar Quinet, libre-penseur et républicain, aussi français, aussi désintéressé et aussi respectable que Littré sous tous les rapports et d'un esprit plus élevé peut-être, bien que beaucoup plus imbu des passions sectaires des républicains contre le catholicisme. Quinet a écrit dans son *Génie des religions* :

« L'homme, n'ayant pour but que l'homme, trouve sa fin dans son point de départ : il faut qu'il étouffe dans les bornes de l'humanité. En faisant la vertu trop commode, il la rend impossible, car le malheur est que l'homme n'est pas fait pour le milieu, que, dès qu'il vise à la médiocrité, il atteint au-dessous, qu'en renonçant au ciel il déchoit de la terre, que, s'il ne brigue la vie absolue, il s'arrête au néant. Si, au sommet de tout, manque Dieu, à la morale manquera l'héroïsme, aux vers la poésie, à la philosophie la métaphysique, à la vie l'immortalité. »

Quinet avait dit précédemment : « Le monde chrétien gravite vers le Christ, et, dans cet effort de la terre vers le ciel, est renfermé tout le secret de la vie sociale. »

Je n'aurais pas osé, moi indigne, je n'aurais, surtout, pas su dire à mes semblables ces fortes paroles ; mais je suis heureux de les avoir rencontrées dans le livre de Bunsen : *Dieu dans l'histoire*. Je serais plus heureux encore si je pouvais contribuer à en faire pénétrer l'esprit dans ce corps mort du suffrage universel que son défaut de foi ou de courage retient au logis, quand la Patrie est en danger.

Oui, il faut que les hommes modérés de tous les partis se préoccupent désormais de 'ne pas laisser les hommes passionnés et intransigeants de ces mêmes partis s'emparer du suffrage universel, pour l'égarer dans des combats sans trève, ou la France s'épuise et se déconsidère. Il faut que l'activité des modérés ne se borne plus à cette partie de leur existence — très profitable au pays — qui est consacrée à l'industrie, au commerce et aux professions libérales ou autres ; il faut qu'ils en emploient, qu'ils en consacrent (car c'est un service véritablement sacré), qu'ils en consacrent quelque chose à retenir dans le droit chemin cette foule crédule qu'égarent les excitations, les promesses décevantes, les intrigues, les erreurs des représentants des partis extrêmes.

Ce qui fait la force des passionnés, des sectaires, c'est que, par ignorance ou aveuglement, ils croient réellement et fermement, pour la plupart, ce qu'ils prêchent dans leurs clubs ou dans leurs journaux. A cette foi mal inspirée et reposant sur des idées le plus souvent fausses, il faut opposer une foi plus éclairée et plus sûre : la foi dans le besoin qu'a la France de reconquérir l'estime du monde, en mettant fin à ses divisions ; la foi dans la nécessité de consolider la République, pour qu'elle soit capable de travailler à ce relèvement.

Il n'y a pas lieu de chercher à démontrer le besoin qu'a la France de se relever dans l'estime du monde ; ses ennemis seuls pourraient nier ce premier besoin d'une grande nation. Quant à la nécessité, pour les amis de la Patrie française, d'écarter de la République tout ce qui pourrait compromettre son existence, cette nécessité résulte du fait que le courant démocratique qui s'étend de plus en plus sur notre pays, depuis un siècle, en est venu à ne plus y laisser la moindre place pour un trône, autre que celui d'un despote ; il résulte de là que quiconque a le despotisme en horreur (qu'il vienne d'un homme ou d'un parti), quiconque a, en même temps, foi dans l'avenir de la France, doit faire tous ses efforts pour diriger le courant de la démocratie de manière qu'il ne soit pas dévastateur.

Bien dirigé par des mains à la fois fermes et prudentes, ce courant pourra, au contraire, servir à l'amélioration matérielle et morale de nos trente-sept millions d'âmes françaises, plus unies désormais que par le passé, au sein d'une République chrétienne, libérale et progressive.

Cette République est celle que je tâche de servir en publiant ce modeste écrit ; je la définis une dernière fois : le gouvernement de tous par tous, au profit de tous, avec Dieu en perspective, comme idéal d'ordre et de mesure en toutes choses, de liberté et de justice égales pour tous, enfin de bonté pour ceux qui souffrent.

Je suis convaincu que, si les hommes modérés de tous les

partis en venaient à adopter ma foi en Dieu, en la France et
en la République, ils pourraient contribuer beaucoup, par
leur intervention, à l'avènement de cette République répara-
trice qu'il faut nous mettre en mesure de fêter, tous ensemble—Français de tout bord et de toute situation—au premier centenaire de 1789.

## XX.

### Conclusion de l'Avant-propos.

Les principes, les considérations, les espérances qui m'ont
guidé au cours de la première partie de la présente étude,
comprennent tous les éléments du Manuel de morale et de
politique que je voudrais voir faire par un républicain ayant
autorité et talent, sur Dieu, l'âme, l'homme, la famille, la
patrie, le citoyen, le suffrage universel, le régime républicain,
l'État et la loi.

Comme je l'ai dit en commençant, je n'ai pas la prétention
de mettre une œuvre de cette importance sous la forme
magistrale qui serait nécessaire pour produire l'effet utile que
j'ose en attendre. J'essayerai seulement de donner l'idée de
l'esprit qui devrait présider, selon moi, à sa rédaction, en
indiquant, pour chacun des sujets ci-dessus mentionnés, le
point de vue où je pense qu'il conviendrait de se placer pour
imprimer aux opinions républicaines une direction plus élevée,
plus libérale et plus patriotique que celle qui prévaut en
France depuis quelques années.

Avant de convier le lecteur à l'examen de l'esquisse ci-
jointe du Manuel à faire dans ce sens, je crois bon de remettre
sous ses yeux les trois principes inscrits en épigraphe sur la
première page, savoir :

1o Dieu est le créateur et le conservateur de l'univers. Il
est l'idéal de toute perfection.

2o L'homme est le représentant de Dieu sur la terre ; il a
pour mission et pour devoir d'y compléter l'œuvre providentielle du progrès, par son travail et sa sagesse.

3o La République est faite pour assurer le concours de tous
à la prospérité et à l'honneur de la Patrie.

# DIEU ET LA RÉPUBLIQUE

## DEUXIÈME PARTIE

## ESQUISSE
## D'UN MANUEL DE MORALE ET DE POLITIQUE

### A FAIRE SUR

DIEU, L'AME ET LES RELIGIONS,
L'HOMME, LA FAMILLE, LA PATRIE ET LE CITOYEN
LE SUFFRAGE UNIVERSEL ET LE RÉGIME RÉPUBLICAIN
L'ÉTAT ET LA LOI

### DIEU

Dieu est le créateur et le conservateur de l'Univers. Il est l'idéal de toute perfection : à la fois pur esprit, tout-puissant et éternel.

Telle est la première vérité à enseigner aux enfants dans les écoles de notre République, si elle tient à ne pas laisser déchoir la vieille Patrie française dans l'estime du Monde.

Cette vérité d'un ordre particulier ne saurait être démontrée comme un théorème de géométrie, ni comme un fait d'histoire naturelle, puisqu'il ne s'agit ni de quantité, ni de matière, encore moins d'organes saisissables (1).

Nous sommes en présence de l'infini, de l'éternel, de la toute-puissance, toutes choses hors de notre portée, pour nous faibles créatures, éphémères et bornées de toute façon : dans cette humble situation, comment pourrions-nous connaître le Créa-

---

(1. Des démonstrations de l'existence de Dieu ont été l'objet d'études savantes, de la part d'hommes éminents, parmi lesquels on compte des métaphysiciens en grand nombre, des physiciens, et jusqu'à des mathématiciens. A mon sens, aucune de ces démonstrations ne vaut la foi du charbonnier.

teur, comment oserions-nous le juger? Il faut y croire sans demander ni chercher l'impossible.

D'ailleurs, les yeux, la science, la pensée manifestent l'existence de Dieu d'une manière éclatante à tout esprit que n'aveugle pas l'infirmité de l'amour des sophismes. Les merveilles de l'œuvre — toutes surhumaines, aussi bien dans les détails les plus infimes que dans l'immensité de l'ensemble — révèlent la sublimité de l'ouvrier. *Cœli enarrant gloriam Dei*, a dit le prophète il y a trois mille ans. On n'a rien trouvé de mieux à dire depuis, sur ce sujet essentiellement mystérieux.

A cet égard, le sentiment invincible que chacun porte en soi, bon gré mal gré, est fortifié et confirmé, autant qu'idée pareille peut l'être, par le suffrage universel de tous les temps et de tous les peuples. Tous ont cru à l'existence d'un Être suprême, de qui l'homme relève.

En une matière, qui ne comporte pas de démonstration scientifique, l'autorité de tous les temps et de tous les peuples s'impose d'une manière bien autrement obligatoire à tout être raisonnable, que tant d'autres idées, tant d'autres opinions, tant de lois civiles, auxquelles professeurs, philosophes et pouvoirs publics soumettent journellement soit les écoliers, soit les étudiants, soit les sociétés humaines.

A mesure que les peuples se sont éclairés, l'idée qu'ils se sont faite de Dieu a été plus élevée.

Mais il y a déjà des milliers d'années qu'on ne se contente plus de croire en un Dieu unique, créateur et conservateur de l'Univers. Après avoir commencé par le craindre, on est venu à l'adorer en l'aimant, convaincu, avec raison, que ce n'est pas en nous, êtres si imparfaits et si faillibles par nous-mêmes, que c'est en Dieu seul que réside l'idéal de toute perfection : éternité, toute-puissance, vérité, beauté, justice, bonté, ordre, mesure et harmonie, idéal auquel nous ne nous lassons pas d'aspirer, sans pouvoir nous promettre de le voir jamais réalisé complètement sur la terre.

C'est ainsi qu'on se sent forcé d'admettre que Dieu est la source de toute bonne pensée et de toute bonne action, que le sentiment de la dignité humaine, de la liberté vraie, c'est-à-dire réelle et égale pour tous, de la justice impartiale et absolue, de la charité intelligente et active, de la droiture, de la loyauté, du désintéressement, du dévoùement à ses semblables et à sa patrie, que toutes ces vertus nous viennent de lui, et non pas, à coup sûr, de notre personne corporelle, dominée, comme elle l'est, par les mêmes instincts égoïstes que nous avons de commun avec les autres êtres vivants, les animaux proprement dits.

L'Écriture Sainte, qui est la loi morale des peuples chrétiens, dit que Dieu a fait l'homme à sa ressemblance. Nous devons le croire, non point pour ce qui concerne notre corps, composé évidemment des mêmes éléments et des mêmes organes que celui des autres mammifères, mais pour ce qui concerne l'âme, partie impalpable, et malheureusement fugitive de nous-mêmes, qui nous distingue essentiellement du règne animal proprement dit.

Nous tous, hommes, femmes et enfants, riches et pauvres, savants et ignorants, en état de santé ou souffrants, nous devons avoir à cœur de donner raison à l'Écriture Sainte, et d'être, en toute circonstance, le moins indignes possible de cette glorieuse ressemblance avec Dieu dont il a plu au Créateur de nous douer. Or la seule manière de lui ressembler est de faire le bien qu'il a mis à notre portée.

Il faut nous persuader que nous sommes sur la terre pour être les représentants de Dieu, ses agents chargés d'une mission de confiance, afin d'y continuer son œuvre providentielle du progrès matériel et moral. Soyons donc actifs, laborieux, sincères, justes, toujours prêts à nous aider les uns les autres, et à être utiles même aux générations qui nous suivront, de manière à leur laisser notre pays mieux organisé pour le bien général que nous ne l'aurons reçu de nos prédécesseurs, et ne craignons pas d'opposer à la devise des anarchistes : ni Dieu ni maître! la devise moins orgueilleuse mais plus digne d'un être moral : Dieu pour maître!

## L'AME

L'âme est un bienfait du Créateur, dont, seul parmi les êtres vivants à la surface de la terre, l'homme a le privilège.

L'âme, insaisissable et indémontrable comme Dieu, peut

être conçue comme une émanation, un rayonnement, un reflet de la splendeur divine. Elle nous met en communication avec l'Être suprême; c'est par elle qu'il nous devient possible d'approcher moralement de sa perfection, autant que le permet l'imperfection innée de l'humaine nature.

La conscience n'est pas l'âme; elle lui sert seulement d'organe. Une conscience peut être dévoyée, faussée; l'âme ne peut être qu'étouffée ou absente.

De même que nous sommes maîtres de ne pas écouter la voix de notre conscience, nous pouvons résister aux inspirations divines qui nous viennent par l'âme, parce que Dieu nous a faits libres de méconnaître ou de suivre ses inspirations.

L'homme a non seulement la liberté d'être rebelle aux conseils de son âme; il peut arriver à oublier qu'il en a une et même à nier son existence. C'est que cette étincelle surnaturelle qui fait notre dignité a besoin d'être entretenue avec une sollicitude constante, pour ne pas s'éteindre. Émanation d'une pureté parfaite, elle ne saurait subsister indéfiniment au contact d'êtres qui dédaignent obstinément ses titres à nos respects.

La culture de l'âme, c'est-à-dire de toutes les perfections morales dont l'idéal est en Dieu, est aussi nécessaire pour conserver en nous la ressemblance avec le Créateur qui nous a été attribuée, que la culture des plantes utiles est nécessaire pour assurer à notre corps son existence. Il faut donc biner, sarcler sans cesse le champ de notre vie, pour le débarrasser, autant que possible, des mauvaises herbes qui tendent à y étouffer cette fleur délicate entre toutes, l'Ame.

Après une saine et ferme croyance en Dieu, ce qu'il importe le plus d'inculquer aux enfants, qui doivent travailler un jour au relèvement de la France, c'est le respect de leur âme. Ce respect impose le devoir, pour tout être de notre espèce, d'écarter autant que possible de son esprit toute pensée que la conscience signale comme mauvaise, et de s'abstenir de tout acte qui, pouvant porter ombrage à son âme, serait capable de la faire fuir à la longue. La plus grande vigilance à cet égard est nécessaire; car, si l'enfant, si le jeune homme commencent déjà à se mettre dans le cas d'être privés des inspirations de l'âme, devenus hommes, ils resteront exposés à se laisser dominer par tous les entrainements de la bête, c'est-à-dire à s'adonner *per fas et nefas* à la satisfaction exclusive de leurs besoins matériels. Or, les hommes qui s'abaissent à cet état de dégradation ne sont plus des hommes, c'est-à-dire des êtres faits à la ressemblance de Dieu : ce n'est plus qu'une variété de singes plus ou moins bien réussie par l'effet du hasard, comme certains savants le disent du genre humain tout entier.

A titre d'émanation de Dieu, l'âme est immortelle comme lui ; mais, pour que l'immortalité de cette partie de nous-mêmes nous reste acquise au regard de Dieu, il faut, ce semble, que nous n'ayons jamais divorcé avec elle volontairement, en refusant de suivre ses inspirations. Lorsque nous avons eu le malheur de persister aveuglément dans cette fausse voie jusqu'à notre dernier jour, il est possible que nous conservions encore quelque titre à une certaine immortalité, mais seulement dans la mémoire périssable des hommes ; après quoi, nous avons toute chance, j'imagine, de ne plus être que ce que deviennent les restes des animaux, nos frères sans contredit, du moment que nous nous sommes dessaisis volontairement de ce titre de noblesse, l'âme, qui nous élevait au-dessus d'eux.

## LES RELIGIONS.

Une religion est, en général, un moyen inspiré aux hommes pour entretenir, dans le plus grand nombre possible d'entre eux, une communauté de croyance en Dieu et une même méthode de culture de l'âme.

Moyen et méthode ont varié d'ailleurs, avec les temps, avec les pays, avec les races, de manière à se trouver toujours en rapport avec les instincts, les lumières, les tendances intellectuelles et sentimentales, artistiques même, des hommes qui cherchaient à s'agglomérer pour constituer entre eux une société distincte.

Les croyances et les pratiques religieuses peuvent s'exercer tantôt dans l'isolement, tantôt en commun ; néanmoins, c'est surtout par des manifestations en commun que les religions se distinguent, car elles ont pour objet essentiel de relier les hommes entre eux par une même loi morale, au moyen d'une même foi et d'un même culte.

Ne considérant ici que la France — même à un point de vue spécial, celui de l'enseignement public obligatoire, du jeune âge — nous n'avons à nous occuper ni des païens, ni des boudhistes, dont l'ensemble comprend les deux tiers environ des habitants du globe. Il suffit d'avoir égard aux chrétiens, aux juifs et aux mahométans, dont les enfants peuvent se rencontrer ensemble sur les bancs d'une même école de l'État. En outre, ayant admis que l'État enseignant doit être déiste, et même chrétien, mais qu'il ne doit, à aucun degré, prendre parti entre les cultes reconnus et subventionnés par lui, qu'il est tenu de les respecter tous également, nous n'avons pas à nous immiscer dans ce qui concerne les dogmes ou les formes propres à ces différents cultes. C'est donc uniquement Dieu, l'âme et la morale qui devraient figurer dans le chapitre du Manuel relatif aux religions, si l'on veut, comme il convient, que ce Manuel soit à la portée de tout le monde et accepté de tous.

Or, juifs, mahométans, catholiques, protestants, grecs et simples déistes considèrent tous Dieu, ce semble, au point de vue admis ci-dessus : si, pour ce qui est de l'âme, ma manière de voir peut n'être pas jugée complètement orthodoxe en certain point, par quelqu'une des variétés dont ces groupes se composent, j'imagine qu'elle serait, pour le moins, tolérée par tous, comme acceptable par les positivistes et les déistes, sans avoir rien d'offensant pour les familles les plus pieuses. Quant à la morale qui se déduirait des notions indiquées sur Dieu et sur l'âme, elle ne saurait être autre, à mon sens, que la morale évangélique, comme je l'ai dit dans l'Avant-propos, morale que tous les chrétiens admettent — sans l'observer toujours bien fidèlement, — que les juifs admettent également, la considérant comme n'étant pas autre que celle de l'Ancien Testament, et que les mahométans ne repoussent pas non plus, sauf à retenir, pour leur usage, certains détails de la vie patriarcale que le pur Jésus aurait proscrits sévèrement, avec cette sainte indignation qu'il mettait à chasser les vendeurs du Temple.

Nous admettrons donc que la morale à enseigner à nos enfants sera la morale des sages de tous les pays et de tous les temps, mais épurée et complétée par le Christ, au point de n'avoir plus rien qui permette de douter de son origine divine.

Par conséquent, il n'y a pas lieu de s'étendre davantage ici sur ce qui concerne l'enseignement de la morale. En repoussant résolument l'athéisme, et même la prétendue neutralité instituée par la loi scolaire, pour y introduire une sorte d'éclectisme respectueux que j'ai tâché d'expliquer dans la première partie de cet écrit, je crois avoir fait ce qui est nécessaire et ce qui suffit pour faire naître le sentiment du divin chez les enfants, dans les écoles laïques, tout en conservant à l'enseignement obligatoire le caractère de neutralité loyale qui lui convient du moment qu'il doit être donné par l'État. Ce serait ensuite aux ministres des différents cultes à développer le sentiment religieux dans le sens de la foi des parents, et le devoir de l'État est de donner toutes les facilités nécessaires pour que cette seconde partie de l'enseignement ne soit entravée en rien.

C'est ainsi que la morale enseignée aux enfants, dans les écoles obligatoires, continuerait de reposer sur une saine idée de Dieu, sans être subordonnée, pour les détails à l'une quelconque des religions reconnues en France.

La circonspection que l'incompétence de l'État lui impose tant à l'école qu'ailleurs, dans ses rapports avec les cultes différents qu'il subventionne, cette circonspection n'est pas à recommander aux parents, dans leurs rapports avec leurs enfants, parce que, en matière de dogmes et de culte, des parents éclairés doivent être compétents ; ils doivent savoir, pour le moins, de quel côté ils inclinent et ne pas rester neutres. A la rigueur libres à cet égard, tant qu'ils sont restés célibataires, ils doivent se considérer comme moins libres quand le mariage leur a imposé charge d'âmes.

Si l'État manque à son devoir quand il décapite l'enseignement public obligatoire d'une saine idée de Dieu, la famille y manquerait plus encore, si elle s'abstenait de fortifier cette idée en la rattachant à l'un des cultes établis dans le pays qu'elle habite. Je n'hésiterais pas à blâmer une famille qui chercherait ailleurs, sans avoir ses traditions à l'étranger.

Laisser un enfant sans direction religieuse sous prétexte de respecter sa conscience, c'est, en réalité, renoncer à cultiver cette conscience, et s'exposer ainsi à ce que l'esprit de l'enfant reste fermé à un ordre d'idées qui n'est pas moins important pour la suite de sa vie que telle ou telle partie de l'enseigne-ment des choses démontrables. C'est aussi le mettre dans le cas de se trouver, un jour, isolé dans la société et sur la pente qui mène à la débauche d'esprit ou de corps. Chose plus grave, c'est contribuer à cet émiettement de la nationalité française que la politique augmente tous les jours et qui fait notre fai-blesse actuelle. Serrons donc nos rangs au lieu de les éclaircir!

A engager l'enfant ou à le laisser s'engager dans une direc-tion religieuse, on ne saurait mieux faire que de l'aider à suivre celle qu'on a suivie — soi ou les siens — dont on connaît le fort et le faible, pour laquelle on peut donner des conseils utiles, toutes circonstances dont on ne saurait répondre pour ce qui concerne une religion qu'on ne connaît que par ouï-dire, ou par quelques exemples peu concluants.

Il y a d'autres raisons plus décisives peut-être pour que des parents se fassent un devoir d'engager de préférence leurs enfants dans la religion où ils sont nés eux-mêmes : il y a le respect des ancêtres et l'amour de la patrie.

Quand tous les membres d'une famille ont l'avantage très sérieux d'appartenir, par tradition, à une même communion, l'autorité des ancêtres est un titre suffisant pour donner droit à cette famille de faire en sorte que le nouveau venu — dont elle a charge, après tout, non moins pour l'âme que pour le corps — ne soit pas tenté d'introduire un jour la division dans son sein. Lors même que le chapitre de la religion ne figurerait pas au premier rang de nos préoccupations, nous devons vouloir, dans l'intérêt même de nos descendants, qu'ils se rattachent aux générations passées, de manière à en con-server ce qu'elles ont pu avoir de bon, tout en étant tenus eux-mêmes de se rendre dignes de la même piété envers la mémoire qu'ils laisseront après eux. C'est par l'accumulation d'efforts de ce genre qu'une race se perfectionne moralement; c'est au contraire par l'accumulation des divergences de ma-nières de voir et de faire que l'esprit de famille s'éteint, et avec lui, le sentiment de la Patrie.

Lors même que des communions différentes coexistent dans

une même famille, des parents patriotes doivent tenir à ce que leurs enfants n'aillent pas, soit s'égarer dans des sectes nouvelles, soit se perdre dans les déserts de l'athéisme, parce que l'émiettement de la Patrie française, qui résulte inévitablement de l'éparpillement des citoyens dans le champ de la religion ou dans celui de la politique, est la cause principale de l'affaiblissement actuel de la France.

Il faut donc, autant que possible, se rattacher aux cultes établis et ne pas craindre d'adhérer formellement à celui de ses père et mère. Tous les cultes existants ont leur raison d'être; tous ont du bon pour qui les suit consciencieusement et l'expérience journalière prouve suffisamment que, dans tous, il peut se rencontrer des personnes également dignes d'estime.

Par conséquent chacun de nous, tout en préférant le culte qu'il a adopté, doit respecter très sincèrement les autres.

Non seulement il convient de se rattacher nominalement au culte de sa famille, mais il est bon de ne pas se tenir ostensiblement à l'écart du public qui le pratique, ne fût-ce que comme témoignage des égards qu'un esprit libéral doit aux sentiments sincères de ses semblables. C'est toujours d'ailleurs une excellente occasion de se recueillir, que d'entrer dans une église, en laissant à la porte toute préoccupation des soucis de la vie courante. Pour l'âme ce n'est jamais un temps perdu. Socrate, la plus haute manifestation de sagesse humaine qui ait existé, à mon sens, — sagesse éclairée, active, courageuse, qui se mettait au service de tout le monde avec le désintéressement le plus complet et une bonne humeur constante. — Socrate faisait des sacrifices sur les autels publics d'Athènes; Xénophon dit même qu'il en offrait dans l'intérieur de sa maison.

A Rome, cinq cents ans plus tard, Épictète, le plus chrétien des païens restés en dehors du christianisme, disait : « Quant aux libations, aux sacrifices, aux prémices qu'on a coutume d'offrir aux Dieux, chacun doit *suivre*, en ce point, *la coutume de son pays* et les présenter avec pureté, sans hypocrisie, sans négligence, sans avarice, mais aussi sans ostentation. »

Je suis d'avis qu'on peut, en toute sûreté de conscience, faire ce que ces deux sages faisaient pour ce qui concerne les pratiques religieuses. Je ne sais pas ce qu'en penseraient plusieurs de nos notabilités républicaines; mais ce que je sais bien, c'est qu'il serait à souhaiter que la France comptât parmi ses députés, ses sénateurs et ses savants, beaucoup d'hommes ayant la valeur morale de Socrate et d'Épictète. La République elle-même ne s'en trouverait pas plus mal.

## L'HOMME.

Le genre humain, l'espèce humaine, l'homme est, ce semble, ce que nous devrions connaître le mieux en fait d'êtres vivants; cependant nous ne connaissons bien de l'homme que ses caractères physiques et ses instincts, c'est-à-dire la partie animale. La distinction du bien et du mal, avec la liberté de faire l'un ou l'autre, l'aptitude à raisonner et à déraisonner, l'inclination à dissimuler sa pensée, toutes facultés qui lui sont à peu près propres, font de l'homme l'être du monde le plus complexe, et l'on peut dire que, dans l'humanité, il existe autant de types différents que d'individus : *tot capita tot sensus.*

Il résulte de cet état de choses que personne n'est jamais sûr de connaître à fond personne; à moins que l'âme, une comme Dieu dont elle émane, et qui, seule, distingue essentiellement notre espèce des autres espèces vivantes, à moins, dis-je, que l'âme ne se révèle, dominant à la fois les instincts qui nous sont communs avec les animaux — quoique moins subtils — et l'intelligence, que nous avons supérieure.

C'est donc aux manifestations de l'âme que l'on reconnaît jusqu'à quel point un être de notre espèce mérite le nom d'homme; la dignité de l'homme se mesure au degré d'épanouissement de l'âme en lui. Suivant qu'il sait et qu'il veut gouverner son corps de manière à l'assujettir plus ou moins aux inspirations de son âme, l'homme remplit plus ou moins bien son devoir envers Dieu, conformément à la devise proposée : Dieu pour maître!

Telles sont les considérations qui, à peu près toujours et partout, ont fait admettre que l'homme se compose d'un corps et d'une âme; ce qu'on a exprimé quelquefois en disant qu'il y a en lui une bête et un ange.

L'ange, c'est l'Ange gardien de l'église catholique, conception poétique, qui dépasse la réalité en ce que ce gardien n'est qu'un conseiller, que l'homme, en vertu de son libre arbitre, peut ne pas écouter, et qu'effectivement il n'écoute que trop rarement.

De ces deux êtres, qu'il dépend de nous d'entretenir à l'état d'union intime, le corps mérite assurément tous nos soins, puisqu'il nous a été donné par Dieu — pour le servir — au même titre que l'âme, qui ne peut agir en nous que par le corps; mais l'âme doit être l'objet d'une sollicitude plus scrupuleuse, parce que, plus délicate, elle réclame plus de ménagements, sous peine de nous abandonner, comme une honnête épouse qui fuirait, au sein de sa famille, un mari incorrigible dans ses vices.

Le corps uni à l'âme est l'homme tel qu'il est sorti des mains du Créateur, c'est-à-dire fait à son image et ressemblance, suivant les termes de l'Écriture, pour peupler la terre et y régner. Régner, c'est représenter Dieu, c'est être son agent, pour employer notre intelligence, notre travail et notre sagesse à continuer, pour lui et conformément à ses inspirations, l'œuvre providentielle du progrès, dont il nous a remis le soin, après l'avoir préparée, en y faisant d'avance lui-même tout ce qui aurait dépassé nos forces.

Le progrès, dont il s'agit, doit porter avant tout sur notre propre amélioration morale, sans laquelle nous ne serions pas capables de nous occuper efficacement de l'amélioration matérielle et morale de nos semblables.

Tous les matériaux nécessaires ont été mis à notre disposition par Dieu; ils sont à pied d'œuvre, l'homme n'a plus qu'à les façonner et à les mettre en place au profit de tous. Voilà sa mission, et par conséquent son devoir.

S'il est admis que Dieu est l'idéal de toute perfection en toutes choses, la source de toute vérité, de toute justice, de toute bonté, nous ne saurions repousser une bonne pensée, ou reculer devant une bonne action qui se trouve à notre portée, sans nous révolter contre Dieu.

Or, la conscience nous dit que manquer à son devoir, ne pas faire le bien qu'on peut faire, se révolter contre Dieu, en un mot, c'est encourir une punition. Eh bien! les peuples les plus intelligents ont toujours admis que, d'une manière ou d'une autre, l'homme n'échappe jamais à la punition due à une faute préméditée et persévérante, quand il n'a pas eu souci de la réparer de son vivant.

D'un autre côté, l'expérience journalière nous apprend que, de toutes les jouissances connues de l'homme, la satisfaction du devoir accompli le mieux possible est la plus douce, et surtout la plus durable. Voilà donc une récompense assurée à tous les hommes de bonne volonté qui tiennent à ne rien faire pour rien d'immédiat et de certain. Le reste est le secret de Dieu.

## LA FAMILLE.

La famille est l'ensemble des parents et des enfants issus d'une même souche.

Réduite à sa plus simple expression, la famille se compose du père, de la mère et des enfants, groupe qui constitue la véritable unité sociale, unité dont les politiciens n'ont pas coutume de tenir compte, étant, pour la plupart, célibataires ou sans enfants. Cet oubli ou cette méconnaissance de la famille est peut-être la cause principale des erreurs et des fautes des moins téméraires et des plus honnêtes d'entre eux.

Un homme ne doit être considéré comme complet que lorsque, étant marié, il a constitué une famille capable d'assurer le pays contre toute diminution de sa population et de ses ressources.

Chacun des membres d'une même famille est assujetti aux mêmes devoirs envers Dieu et nos semblables, qui ont été indiqués d'une manière générale dans le chapitre précédent; les plus anciens de ces membres sont plus particulièrement tenus de faire profiter les jeunes de leur expérience, en prêchant d'exemple.

Le père est le chef naturel de la famille, la mère en est le conseiller; tous deux en sont les travailleurs: le père, au dehors communément, pour créer les ressources nécessaires à l'existence de tous; la mère à l'intérieur, autant que possible, pour veiller au bon emploi de ces ressources, tenir la maison en bon ordre, rendre le foyer domestique attrayant, nourrir et soigner les enfants, commencer leur éducation. C'est par la mère que les enfants doivent apprendre qu'il y a un Dieu tout-puissant, juste et bon, qui aime la vérité, le travail et la sagesse, et rend satisfaits les cœurs de ceux qui s'efforcent de lui plaire. C'est du cœur de la mère que l'âme doit passer dans le cœur de l'enfant, aussitôt que la nouvelle créature est capable de sentir et d'aimer.

L'activité et la bonne conduite du père et de la mère, leur union inaltérable, les égards mutuels, la tolérance des défauts ou des fautes réparables, la tendre pitié pour les infirmités, doivent figurer au premier rang des devoirs journaliers des époux. Ceux qui manquent à ces devoirs envers eux-mêmes manquent doublement à leurs devoirs envers Dieu; car la paresse, la discorde, l'éloignement qui s'ensuivront auront pour conséquence non seulement l'abaissement moral des parents, mais la paresse des enfants, leur manque de respect, leur mauvaise conduite, leur incapacité et souvent même l'abandon prématuré de la maison paternelle; or toutes ces circonstances sont incompatibles avec ce devoir capital pour tout être de notre espèce, d'être le représentant de Dieu sur la terre, son agent, et d'y compléter l'œuvre providentielle du progrès au profit de tous, en nous aimant, en nous aidant et en nous améliorant les uns les autres.

Des parents unis, laborieux et honnêtes ont grande chance d'avoir des enfants qui leur ressemblent; c'est une sécurité pour leur vieillesse, en même temps qu'une double satisfaction pour leur conscience, car ils ont fait leur devoir, en même temps qu'ils ont mis ceux qui les remplaceront dans la société en mesure de le faire à leur tour. Faire son devoir et aider les autres à le faire c'est du bonheur, car, on ne saurait trop le répéter, la satisfaction du devoir accompli est la plus pure et la plus sûre qu'il soit donné à l'homme de connaître sur la terre.


## LA PATRIE.

La patrie est le pays de notre enfance, le pays de notre famille, le pays dont nous parlons la langue de préférence à toute autre, le sol sur lequel nous ne remettons jamais le pied qu'avec un tressaillement de cœur quand nous nous en sommes éloignés.

C'est la famille de notre famille, notre berceau, notre appui, notre fierté, notre espérance.

Après notre Père qui est aux cieux, comme dit l'Évangile, c'est à la patrie que nous devons tous les moyens d'existence dont nous jouissons. Nous tous Français, quelle que soit la religion ou l'opinion politique qui aient notre sympathie, nous ne saurions trop vénérer cette mère commune de la race à qui sa générosité a valu pendant tant de siècles le titre de soldat de Dieu, et, plus tard, le titre de soldat de la liberté des deux mondes.

Un patriote considère l'histoire de son pays, depuis les temps les plus anciens jusqu'à nos jours, comme l'histoire de ses ancêtres ; il est glorieux de leur gloire, malheureux de leurs malheurs, affligé de leurs fautes, plein de respect pour toutes celles des traditions nationales qui sont dignes d'être conservées.

L'ambition de contribuer, même obscurément, à laisser la patrie à ses enfants plus grande, plus prospère, plus considérée et aimée qu'ils ne l'ont vue ou connue eux-mêmes, est certainement la plus noble ambition dont un père, dont une mère puissent s'inspirer.

Un patriotisme éclairé n'est pas la jalousie ou la haine de l'étranger ; c'est simplement la volonté de valoir mieux, en travaillant plus consciencieusement ou plus efficacement que d'autres nations à l'œuvre providentielle du progrès général, tâche qu'on doit regarder comme assignée par Dieu aux peuples aussi bien qu'aux individus.

Je répète sans scrupule l'expression de cette pensée, désireux de la propager à titre d'article de foi.

Le patriotisme n'a donc rien d'incompatible avec l'idée que, les hommes étant issus d'un même créateur, qui les a dotés par privilège d'un trait de ressemblance avec lui, tous les peuples devraient se considérer comme frères.

De même qu'une patrie commune comprend des membres ayant qualités, aptitudes et forces très variées, toutes à différents degrés, le Monde comprend des races, des nations qui ont des tempéraments, des instincts très différents, sans qu'au regard de Dieu les unes et les autres soient moins dignes ou moins capables de participer à l'œuvre commune du progrès général, qui constitue, selon moi, la mission et le devoir de l'humanité.

Dans la diversité des manières de sentir, de voir, d'agir, qui sont propres aux différents peuples comme aux différents individus, il ne faut voir autre chose qu'un moyen d'émulation institué par la Providence, afin, j'imagine, de provoquer les uns et les autres à rivaliser d'ardeur et de génie pour le plus prompt accomplissement des progrès dont tous doivent profiter.

Il en est, à cet égard, des peuples comme des individus : la connaissance du bien et du mal leur a été donnée, avec la liberté de faire l'un ou l'autre à leurs risques et périls. Sans l'émulation pour le bien, le mal prévaudrait toujours, tant sont puissants les instincts égoïstes de la bête qui est en nous. C'est l'usage que chacun fait de cette liberté d'agir dans un sens ou dans l'autre, qui fait le mérite ou la honte. Or, l'émulation est l'aiguillon le plus capable de diriger notre liberté dans la poursuite du mieux; c'est la source de toute initiative, le véhicule de tout progrès.

On pourrait être honnête homme, père de famille éclairé, de mœurs pures, laborieux et bon, sans être patriote très dévoué. Pour mériter d'être appelé patriote, il faut être plus désintéressé qu'un simple particulier.

D'autre part, on pourrait se montrer exemplaire, comme patriote, à un moment donné, tout en laissant désirer trop souvent comme homme, parce que, pour être homme parfait, il ne suffit pas d'avoir un bon mouvement; il faudrait (chose bien difficile) avoir le courage de ne jamais résister à la voix intérieure qui est la voix de Dieu et maintenir fermement le corps au service de l'âme, c'est-à-dire au service du Créateur.

A ce degré idéal de perfection, l'homme parfait serait d'ailleurs, et à coup sûr, un patriote non moins parfait.

## LE CITOYEN.

Le citoyen est l'homme ayant droit de cité, disent les dictionnaires. J'aimerais mieux dire : le citoyen est le membre de la famille qui a le devoir de s'occuper des intérêts publics et de défendre sa patrie. Ce devoir incombe à tous les enfants mâles d'un pays libre, quand ils ont acquis leur développement complet. La loi détermine les devoirs des citoyens et la manière dont ils doivent les exercer.

La femme peut et doit être patriote ; il ne faut pas qu'elle prétende être citoyenne. Ses devoirs sont ailleurs qu'en public ; la nature les a faits autres que les devoirs des hommes, sans être, du reste, inférieurs en rien, ni en dignité personnelle, ni en utilité sociale.

Dans la détermination des devoirs civiques des hommes, la loi serait inconsidérée, et elle s'exposerait à être injuste, si elle ne tenait compte ni des femmes, ni des enfants, qui sont la chair de la chair des hommes et forment les deux tiers de la population.

Pour ce qui concerne les fonctions électorales, par exemple, un citoyen ne saurait être réputé capable de prononcer, en connaissance de cause, sur la plupart des intérêts généraux réglés par la loi, s'il n'avait pas acquis personnellement l'expérience de tous les besoins de la population, c'est-à-dire des hommes de tout âge, des femmes et des enfants. Sa capacité à cet égard ne saurait être, d'ailleurs, établie arbitrairement par des juges dont l'autorité puisse être contestée ; c'est l'état civil qui doit seul servir aux distinctions à faire.

J'estime qu'il faut être père de famille pour avoir droit à la plénitude des fonctions civiques ; j'admets qu'un homme marié, mais sans enfants, n'est pas un membre de la société aussi complet, aussi important qu'un père de famille ; et qu'un célibataire l'est moins encore. Je croirais donc rationnel et juste qu'un célibataire conservant son droit de figurer pour une unité dans le corps électoral par exemple, que l'homme marié sans enfants y figurât pour deux, et que le père de trois enfants légitimes au moins — vivants ou non — y figurât, pour trois, sans plus de complication.

Le père de trois enfants mérite seul le titre de citoyen complet, car, seul, il a fait ce qui dépend de lui pour maintenir la patrie dans le plein de la force numérique nécessaire à sa conservation.

En faisant entrer le degré de maturité de chaque citoyen comme facteur dans les manifestations du suffrage universel, d'où dépend, aujourd'hui, toute l'existence civique, on aurait toute chance de voir l'intérêt général représenté beaucoup plus exactement et plus complètement qu'il ne peut l'être sous le régime actuellement en vigueur (1).

Pour ce qui concerne le service militaire, la loi a établi un ordre inverse. C'est également rationnel et juste, non seulement parce que les hommes plus jeunes sont plus aptes à se faire à la vie de soldat, mais parce que, célibataires communément, ils sont moins nécessaires à la conservation du corps social, corps que les pères de famille et les hommes mariés représentent deux ou trois fois mieux, en raison de leur cortège de femmes et d'enfants.

Les hommes engagés dans le service de l'instruction publique et des cultes religieux ont des titres sérieux à être considérés comme membres nécessaires des familles; ils doivent donc n'être appelés sous les drapeaux qu'en cas d'épuisement des citoyens célibataires ou mariés sans enfants.

Les devoirs civiques, quels qu'ils soient, s'ajoutent aux devoirs journaliers de l'homme vivant seul ou chargé de famille, sans le dispenser d'aucun de ces derniers devoirs, sous aucun prétexte. Un bon citoyen doit même se considérer comme ayant reçu de Dieu une mission plus sérieuse que celle d'un simple particulier, puisque son pouvoir de faire le bien est plus étendu. Plus chargé d'ailleurs il n'en serait que plus méritant s'il se tenait à la hauteur de sa double tâche.

S'il se rencontre ce citoyen accompli et, si, sacrifiant néanmoins aux dieux du jour, il craint de passer pour *jésuite* auprès de ses co-électeurs ou de ses compagnons d'armes, en avouant son désir de se conformer autant que possible à la recommandation de Jésus-Christ: « Soyez parfait comme votre père qui est aux cieux est parfait, » j'imagine que Dieu lui pardonnera cette faiblesse, pourvu qu'il n'oublie l'Évangile qu'en faveur d'Épictète disant, un siècle plus tard : « Tendre à la perfection en toutes circonstances ! Que tout ce qui te

_____

(1) L'introduction de ce facteur nouveau dans l'exercice du suffrage universel ne compliquerait en rien les opérations électorales; il suffirait d'affecter des couleurs différentes aux cartes des trois catégories de citoyens définies ci-dessus.

paraîtra très beau et très bon, soit pour toi une loi invio-
lable. »

## LE SUFFRAGE UNIVERSEL.

Le mot universel en dit plus qu'il ne convient au mode de
suffrage qui fonctionne en France depuis 1848; car, en dehors
des manifestations plébiscitaires, heureusement rares, *suffrage
universel* semble dire le droit pour tous de participer à l'élection des représentants du pays, tandis qu'en fait ce droit
n'est admis que pour un quart environ de la population, et qu'il
est rendu illusoire pour plus d'une moitié environ de ce quart,
par une disposition arbitraire, déraisonnable, inique de la loi
électorale. C'est ainsi que, sur nos trente-sept millions d'habitants, quatre millions et demi seulement se trouvent représentés à la Chambre des députés; or, l'on conviendra que, si le
droit de suffrage n'est pas le droit d'être représenté, c'est un
leurre que les républicains, ennemis irréconciliables des jésuites
comme ils le sont, ne devraient pas tolérer dans le fonction-
nement de l'institution du suffrage universel, qu'ils considèrent
comme leur titre principal à la reconnaissance de la France.

Non seulement l'universalité de la population française n'est
pas représentée dans les assemblées qui règlent souverainement
ses intérêts les plus chers, mais les décisions prises par ces
assemblées n'ont presque jamais toute l'autorité nécessaire,
parce que, sur les quatre millions et demi de suffrages représentés, la loi n'est faite communément que par les représentants de trois millions au plus : ce qui réduit à un douzième
environ de la population la partie qui s'impose aux onze autres
douzièmes.

Le principe du suffrage universel est d'ailleurs libéral, juste,
et même plus chrétien que ne paraissent s'en douter ses partisans
aussi bien que ses adversaires, car c'est un principe d'égalité et
de fraternité. On a bien fait aussi de limiter l'exercice du suffrage universel à la partie mâle et majeure de la population;
mais c'est à tort que la loi a accordé le privilège de la représentation aux citoyens qui ne représentent qu'eux-mêmes,
sans reconnaître un droit double ou triple à ceux qui représentent toute une famille, c'est-à-dire des intérêts non seule-

ment plus nombreux, mais plus importants, et assez souvent différents.

La souveraineté du suffrage universel n'a rien non plus d'irrationnel, ni d'injuste en soi, eu égard à l'état présent de la civilisation d'un pays où la Légitimité, s'appuyant sur la noblesse et le clergé, la Monarchie constitutionnelle, reposant sur deux cent mille électeurs censitaires, l'Empire, jouant du plébiscite, se sont tous discrédités successivement, faute d'avoir donné aucune des garanties d'ordre, de paix et de stabilité que ces différents gouvernements avaient promises à leur début.

L'idée de substituer l'autorité de la Nation fréquemment consultée à celle de chefs héréditaires qui ont été reconnus impuissants, cette idée est ainsi née, tout naturellement, de l'opinion que tous comprendraient mieux leurs intérêts qu'un seul ou qu'un petit nombre en situation exceptionnelle, et qu'ils ne les serviraient pas plus mal.

Il y avait lieu, en outre, d'espérer que, reposant sur une base plus large, l'édifice gouvernemental deviendrait plus stable, et même que, la masse de la population acquérant plus d'importance, son niveau moral se relèverait.

Jusqu'à présent, ces espérances ne se sont pas réalisées autant qu'il le faudrait pour la considération et la sécurité de la Patrie. Néanmoins, je reste partisan très résolu du suffrage universel, convaincu que, bien organisé, il est capable de rapprocher les classes dans une communauté d'intérêts qu'on finira par comprendre et par établir, à la satisfaction de tous : ce qui rendra possible un pas important dans la voie de la paix sociale et du progrès.

Je serais disposé à croire que, si le Créateur nous a donné la connaissance du bien et du mal, avec la liberté de faire l'un ou l'autre, c'est qu'il a voulu nous laisser l'honneur de nos bonnes actions et la responsabilité de nos fautes. Cependant je me plais à penser que Dieu qu'on appelle aussi la Providence ne se désintéresse pas complètement de ce qui se passe dans ce bas monde, et il me semble que l'histoire justifie souvent cette parole de Fénelon : « L'homme s'agite, Dieu le mène. » En combinant ces deux ordres d'idées, je suis porté à attribuer les principales fautes du suffrage universel

à ce qu'il n'est pas du tout universel. Je me dis que, si la violence et le désordre remplacent trop souvent la recherche pacifique des progrès réalisables qui, Dieu aidant, devraient résulter
du concours de tous, c'est que la partie réfléchie et modérée
du suffrage universel se trouve privée de toute influence par
un vice évident de la loi électorale, qui donne à la partie téméraire violente ou sans scrupules une influence et une importance disproportionnées avec sa force réelle.

On peut espérer en effet que, sous le régime d'une représentation plus complète de la population, la diversité des idées
et des vues — qui sont probablement d'ordre divin, comme
moyen de susciter l'activité et l'émulation nécessaires à la
réalisation des progrès possibles, — se concilieraient peu à peu,
par des concessions mutuelles, et qu'alors ce que la majorité des
assemblées délibérantes déciderait pourrait être qualifié de *vox
populi vox Dei*, comme au temps où l'on croyait en Dieu
et à sa Providence. La souveraineté du suffrage universel
se trouverait ainsi légitimée : un gouvernement de paix durable
remplacerait nos gouvernements de combat, tantôt blancs,
tantôt rouges, et la mission que l'homme a reçue de continuer
l'œuvre providentielle du progrès par son travail et sa sagesse,
s'accomplirait régulièrement, au profit de tous, dans la mesure,
bien entendu, des imperfections inéluctables de tout ce qui est
humain.

On arrive ainsi à regarder comme admissible la théorie radicale qui revendique la souveraineté absolue du suffrage universel, exercée directement par le peuple, comme règle unique
d'un gouvernement véritablement républicain. Seulement,
tandis que les radicaux ne comptent comme peuple que la
partie de la population qu'ils croient tenir dans leurs mains,
j'appelle *peuple* tout le monde, c'est-à-dire la nation tout
entière, équitablement représentée par l'universalité de ses
citoyens, quelles que soient leurs inclinations politiques et
religieuses.

La Suisse pratique, la théorie de la souveraineté absolue
du peuple, depuis plusieurs années, et avec grand avantage
au moyen de l'institution du *referendum*. Mais, avec la diversité de nos partis et leurs passions, le *referendum* mettrait

nos trente-sept millions d'habitants dans un état d'ébullition perpétuelle, incompatible avec la sécurité publique et qui nuirait considérablement à la considération du pays. Si le suffrage universel devenait une vérité, si les assemblées délibérantes, Conseils municipaux et Parlement, étaient constituées de manière à ne plus compter que des politiciens et à représenter, non plus une moitié seulement du corps électoral, mais l'universalité des citoyens et des famillles, les majorités de ces assemblées seraient l'image fidèle des majorités du corps électoral tout entier : dès lors le *referendum* deviendrait une superfétation, puisqu'il sert uniquement à prévenir ou à redresser les erreurs ou les usurpations d'une représentation connue pour être inexacte, ou même tout à fait fausse, comme en donne parfois la réglementation habituelle de l'exercice du droit de suffrage, en Suisse aussi bien qu'ailleurs.

Je ne m'arrêterai pas à examiner l'opinion de ces agitateurs qui jugent préférable de continuer d'avoir des assemblées délibérantes où la partie passionnée du corps électoral figure seule; j'admets que les résultats dont nous sommes témoins condamnent suffisamment cette opinion. Je ne chercherai pas non plus à démontrer qu'il serait rationnel et juste que les assemblées délibérantes, où se décide tout ce qui concerne les intérêts de la population entière, fussent l'image fidèle de cette population. J'admets, en effet, comme chose évidente que, du moment qu'il s'agit de suffrage universel et de représentation, l'universalité des citoyens doit être représentée, autant que possible, proportionnellement à l'importance numérique de chacun des groupes distincts d'intérêts et d'opinions qui composent soit la Commune soit la Nation.

Reste donc à savoir s'il est matériellement possible de représenter exactement et complètement tous les intérêts et toutes les opinions d'un grand p       ans une juste mesure pour chacun des groupes corres     dants. A cela je réponds que ce sera certainement possible pour un pays, quelque populeux qu'il soit, si on parvient à le réaliser pour chacune des parties dont il se compose, pour chaque département par exemple, en considérant la France et les élections des membres du Parlement. Or, réduite à ces termes, la question est des plus

simples: il s'agit de savoir si, un département ayant par
exemple six députés et trois sénateurs à élire, on peut déterminer équitablement la quote-part des suffrages qu'un candidat
doit réunir pour avoir droit de figurer parmi les élus, et s'il est
juste que tout groupe d'électeurs soit représenté du moment
qu'il résultera du dépouillement du scrutin que ce groupe a
réuni ses suffrages sur un homme de son choix, de manière
à lui assurer la quote-part voulue. Si, par exemple, un département disposant de 90,000 suffrages exprimés a droit à six
députés, est-il juste ou non que tout groupe ayant réuni
15,000 voix sur un homme en qui il a confiance, ait droit de
faire admettre son candidat au Parlement? Poser la question,
c'est la résoudre; mais c'est la résoudre contrairement à la
réglementation en vigueur, qui, dans un département capable
d'amener au scrutin 90,000 votants, frappe d'ostracisme la
minorité, fut-elle de 44,999 : La nouvelle manière de procéder
que je propose serait non seulement juste, elle est d'une simplicité parfaite. Qu'on se persuade bien que la réforme dont il
s'agit ne rencontrerait d'autres difficultés que la mauvaise volonté de ceux qui profitent des défauts évidents de la réglementation actuelle de l'exercice du suffrage universel. Or, ce sont
ceux-là seuls qui ont qualité pour réformer notre loi électorale
dans le sens de la raison et de l'équité. Voilà le *hic! Hic
labor, hic opus est.*

Un député qui, sous le régime électoral existant, a eu la
chance ou l'art de conquérir la représentation de son arrondissement avec 7,000 voix contre un adversaire qui n'en a eu
que 6,990, et cela en présence de plus de 5,000 abstentions,
ce député n'admettra pas volontiers que le privilège qu'il
tient de la loi n'est que du pur arbitraire. Il en est de même
pour un député qui, ayant deux concurrents, les a battus au
ballottage, bien qu'à eux deux ils aient réuni presque deux
fois plus de voix que le vainqueur légal. N'allez pas lui demander s'il est réellement l'homme de confiance de l'arrondissement qu'il représente de par la loi. Il n'en doute pas, bien
convaincu que le seul peuple digne d'être compté dans son
arrondissement est le Peuple qui l'a nommé.

Ces exemples n'ont rien d'imaginaire. Il existe à la Chambre des députés un assez grand nombre de membres qui sont seuls représentants de leurs arrondissements, bien que n'en représentant, réellement, que la minorité, et ce ne sont pas ceux-là qui se vantent le moins d'être les vrais représentants de l'opinion publique.

En répartissant les voix entre les candidats d'une manière rationnelle, équitable, libérale, républicaine par conséquent, on ferait disparaître ces violences faites à l'esprit du suffrage universel; on le ferait sans la moindre complication dans les opérations électorales et au grand profit de la pacification des esprits et de l'autorité des décisions de la Chambre. Les politiciens seuls y perdraient quelque chose de leur influence.

Mais, encore une fois, il faudrait que ceux qui ont le bénéfice du privilège établi par une loi inconsidérée consentissent à s'exposer à n'être pas tous réélus. Or, nous ne sommes plus au temps de cet écervelé de Curtius, ou de ces ignorants de Decius, qui croyaient aux dieux et même aux aruspices. C'étaient des citoyens ceux-là, qui agissaient plus qu'ils ne parlaient, moins ferrés probablement sur les droits de l'homme que religieusement convaincus des devoirs envers la patrie.

## LE RÉGIME RÉPUBLICAIN.

La République — *res publica* — n'est digne de son nom, qu'à condition d'être effectivement la chose, le bien, l'honneur de chacun et de tous, et, pour notre France, la chose, le bien, l'honneur de quiconque — hommes, femmes, enfants — tient à pouvoir se glorifier d'être Français.

Le gouvernement républicain devant donc être le gouvernement de tous, par tous, au profit de tous, il est essentiel que le suffrage direct ou indirect de tous, ou du moins le suffrage d'une majorité évidente des intéressés, concoure à l'établissement, à l'organisation et à la vie courante de ce gouvernement.

Si une disposition de la loi électorale — qui est, de nos jours, la base de tout édifice politique, — permettait ou favorisait la prépondérance d'une partie de la population, au détriment d'une autre partie non moins nombreuse, si cette disposition donnait lieu à l'effacement ou à l'abstention d'une fraction notable du corps électoral, elle serait inconsidérée, injuste et même impolitique, car, laissant en dehors des assemblées délibérantes une partie du corps électoral capable de l'emporter, à un moment donné, sur la partie représentée, ce vice de la loi électorale serait une cause d'instabilité, qui pourrait compromettre la République, même dans son existence.

Ces considérations justifient pleinement la substitution du suffrage universel au régime censitaire qui existait avant 1848.

Mais la réglementation actuelle de l'exercice du suffrage universel a laissé au régime nouveau tous les défauts qui viennent d'être indiqués. En effet, cette réglementation—avec son principe de la représentation exclusive de la majorité, c'est-à-dire, à la rigueur de la moitié des votants plus un—continue de faire, des élections, une lutte pour l'existence politique; elle provoque la population à se constituer périodiquement en deux camps ennemis; elle divise la partie active du corps électoral en vainqueurs et en vaincus, avec obligation pour ceux-ci de n'avoir pas d'autre représentant, pour chaque circonscription, que des adversaires; enfin, elle écarte du scrutin toute la partie modérée du corps électoral, qu'on croirait faite, pourtant dans les vues de la Providence, pour servir d'instrument de pacification entre les hommes passionnés d'opinions différentes. Ce rôle est interdit aux modérés sous le régime de la loi électorale en vigueur parce qu'elle ne laisse pas de place possible entre les deux camps plus ou moins intransigeants qui se disputent le privilège de la représentation. Ce privilège, créé par la loi en faveur de la moitié plus un des votants — la loi se contente même de bien moins, en cas de ballottage — est non seulement arbitraire, il est inconcevable, car, en fait, il est aveuglément conféré à l'habileté, à la chance et même au défaut de scrupules de celui des belligérants à qui le dépouillement du scrutin donne l'appoint des quelques voix d'où dépend la victoire.

C'est donc cet appoint qui est le vrai souverain sous le régime actuel, car seul il compte ; qu'il soit inconscient, vénal ou perfide, peu importe : du moment qu'il suffit pour faire pencher la balance d'un côté, il a toutes les vertus exigées par la loi.

Aux termes de la loi, les modérés ne pourraient remplir leur devoir électoral, le plus souvent, qu'en votant pour des hommes dont ils ne partagent ni les passions, ni même les opinions : faire admettre au Parlement des hommes de leur tempérament et ayant leur pleine confiance n'est pas possible. Il faudrait, pour cela, que les esprits modérés (calmes et pacifiques qu'ils sont naturellement), se trouvassent en nombre suffisant, dans un assez grand nombre de circonscriptions, pour l'emporter sur l'ensemble des passionnés et des batailleurs de droite et de gauche de chacune de ces circonscriptions. Cette nécessité ajournerait les modérés à un temps où tout le monde serait devenu sage, c'est-à-dire au règne de cet idéal de perfection humaine qu'Herbert Spencer espère — à la suite de Condorcet (1) d'ailleurs — et auquel Littré lui-même ne croit pas.

Cet idéal n'est d'ailleurs pas plus désirable qu'il n'est possible. Les passionnés et batailleurs, causes de bien des maux, n'en ont pas moins, selon toute probabilité, un rôle providentiel dans les sociétés humaines; il ne faut pas penser à les exclure. Mais il ne faudrait pas non plus exclure les esprits modérés qui, eux aussi, ont un rôle à remplir et très utile, le rôle de contrepoids des passionnés, de modérateurs des intempérances de droite et de gauche et de régulateurs de la marche du pays dans la voie des progrès possibles.

Pour faire équitablement place dans le Parlement à cet élément nécessaire, il suffirait de ne pas lui en interdire l'accès; il faudrait consacrer, par la loi, le droit que pourrait conférer aux modérés la quote-part des suffrages qui seraient attribués à leurs candidats par les électeurs. On y parviendrait en substituant simplement, dans la loi électorale, le principe libéral d'une représentation équitable de tous au principe despotique de la représentation exclusive de la majorité des votants (2).

_____

(1) « Le degré de vertu auquel l'homme peut atteindre un jour est aussi inconcevable pour nous que celui auquel la force du génie peut être portée. » Condorcet, à propos de la puissance de la raison humaine dégagée de toute idée religieuse.

(2) Depuis un siècle entier que la question d'une représentation équitable, d'une représentation vraie, s'agite, les moyens proposés étudiés ou appliqués sont tellement nombreux, qu'aujourd'hui c'est une question sur laquelle une commission de bonne volonté pourrait prendre parti en

Du moment que, sans intrigues et sans luttes, les hommes modérés des différents partis auraient la faculté de se faire représenter dans les assemblées délibérantes, ils n'auraient plus de raisons de s'abstenir; ils seraient même coupables de le faire. Ils se rapprocheraient donc entre eux, malgré quelques différences d'inclinations, parce qu'étant modérés ils ne sont pas intransigeants, ce qui leur permettrait de former des groupes non moins respectables par le nombre que par la sagesse.

Sous le régime d'une représentation équitable de tous, les élections cesseraient d'être des sortes de guerres civiles laissant après elles, dans chaque circonscription, des rancunes, des inimitiés durables. Elles deviendraient, — ce qu'elles doivent être, — le concours pacifique de tous à l'étude et au règlement des intérêts publics. Du même coup les décisions prises par les majorités des Conseils municipaux et du Parlement acquerreraient toute l'autorité nécessaire à la force du pouvoir exécutif et à la pacification des esprits, parce que, ces majorités étant désormais l'exacte représentation de la majorité du pays, personne ne pourrait plus protester contre leurs décisions sans se déclarer insurgé et mériter d'être, au besoin, traité comme tel.

On pourrait penser que le système de représentation proportionnelle de tous favoriserait, au moins, autant les partis extrêmes que les hommes modérés des différents partis et que, par suite, l'effet utile que j'attends de l'intervention des modérés dans les assemblées délibérantes se trouverait neutralisé par une addition plus forte de passionnés et d'intransigeants : Ce serait une erreur de le croire. En France, sous le régime de la réglementation actuelle de l'exercice du suffrage universel les minorités rouges, blanches ou autres, sont très probablement représentées, au Parlement et dans les Conseils municipaux, plus fortement qu'elles ne le seraient sous le régime de la représentation proportionnelle de tous. On est en

___

connaissance de cause, en moins d'une semaine. Cette commission pourrait même, à la rigueur, se mettre d'accord sur un projet de loi sans autre travail que la lecture des quatre dernières publications faites à ce sujet, savoir : *De la représentation vraie* par M. Eudore Pirmez, membre de la Chambre des représentants belges et par M. Ernest Navill , l'*Étude sur la valeur des suffrages électoraux. La pratique de la représentation proportionnelle. De l'influence morale des systèmes électoraux.*

droit de le conclure, notamment de ce qui arrive dans les villes où les opinions révolutionnaires sont le plus développées; là, je pourrais citer un grand nombre d'exemples de groupes extrêmes, parfaitement disciplinés, qui, sans parvenir à réunir en leur faveur plus d'un tiers du corps électoral, n'en restent pas moins vainqueurs des deux autres, au scrutin. Aussi, est-ce à tort qu'on a coutume de confondre la représentation proportionnelle de tous, que je demande pour chaque circonscription, avec la représentation des minorités.

La représentation des minorités a été concédée, en Angleterre, en Amérique, en Espagne et en Italie, le plus souvent en manière d'aumône faite par une majorité sûre d'elle-même à quelques minorités plus embarrassantes par le bruit de leurs réclamations que par leur importance numérique. En France, rien de pareil : les minorités n'ont pas lieu de se plaindre; celles de gauche tiennent le haut du pavé et celles de droite, sans être aussi enflées de leur succès, parce qu'elles manquent comme les premières de l'appui plus ou moins spontané et sincère de la majorité, n'en occupent pas moins une situation considérable.

C'est donc la représentation proportionnelle de tous dans chaque circonscription, la représentation vraie du suffrage universel, que je réclame comme seule application rationnelle et juste du principe qui régit théoriquement notre système électoral : je la réclame pour les élections municipales, aussi bien que pour les élections du Parlement.

Je dis Parlement, admettant que le Sénat devrait être élu directement par le suffrage universel, de la même manière que la Chambre des députés, afin d'ôter aux adversaires de cette institution salutaire tout prétexte de contester son autorité. Il en résulterait qu'un même département aurait deux fois plus d'électeurs pour un député que d'électeurs pour un sénateur; ce serait bon, parce que les sénateurs plus particulièrement destinés à un service de contrôle auraient besoin d'être connus d'un plus grand nombre d'électeurs, ce qui autoriserait à leur supposer plus de consistance, plus d'expérience que n'en auraient communément les députés élus par un nombre de suffrages moitié moindres.

Du moment que les Chambres du Parlement se trouveraient toutes deux également élues, non plus comme aujourd'hui par moins de la moitié d'un corps électoral incomplet, mais par le corps électoral complété et entier, leurs majorités comprendraient, à elles deux, d'une manière aussi exacte et complète que possible, les opinions de la majorité du pays, sur chacune des questions qui seraient soumises à leurs délibérations. Il ne s'ensuit pas que la majorité d'une des Chambres sur une question ne serait plus jamais en désaccord avec la majorité de l'autre Chambre. Des raisons de fait, de sentiment, d'opportunité, continueraient de justifier ce désaccord plus ou moins fréquemment.

Dans certains cas, il n'y aurait pas grand inconvénient à ajourner toute décision à prendre. Dans d'autres cas, il pourrait être nécessaire de ne pas attendre. Or, la prétention de la Chambre des députés de prononcer souverainement et en dernier ressort sur tout différend entre elle et le Sénat ne serait plus admissible, puisqu'elle n'aurait pas plus de titres que lui pour représenter le suffrage universel. Il est inadmissible d'ailleurs qu'elle soit juge et partie

Il faudrait donc recourir à un tiers arbitre. Ce serait le président de la République.

Il me semble évident que, sous le régime de la Constitution existante, le président est mal utilisé ; tandis qu'en le dotant de plus de pouvoir, sauf à le rendre responsable et révocable, on pourrait trouver dans son existence des garanties d'ordre, de suite et de stabilité, dont l'organisation actuelle du pouvoir exécutif est complètement dépourvue ; ce qui est un énorme défaut du régime républicain tel qu'il a été organisé par la Constitution de 1875.

En donnant pouvoir au président de la République de départager les deux Chambres au besoin, on préviendrait tout conflit, on éviterait des pertes de temps complètement inutiles et on régulariserait, autant que possible, la marche d'un attelage aussi compliqué que celui d'un gouvernement constitutionnel, dans un pays où, sur 900 têtes de députés et de sénateurs, la moitié se croit obligée de réclamer chaque jour le changement complet de tout ce qui existe. Tout cela se ferait sans le

moindredanger pour les libertés publiques, parce que l'autorité
du président émanant du congrès de deux Chambres représentant complètement tous les intérêts, toutes les aspirations,
toutes les forces du pays, cette autorité serait devenue l'expression la plus indiscutable de la souveraineté du peuple,
sans avoir les défauts de l'institution monarchique, qui
concentrée dans un homme sujet à faillir et inamovible, ne
peut être redressée qu'au moyen d'une révolution.

Donc, c'est l'élu des deux Chambres législatives et par suite
le véritable, l'unique représentant de l'universalité des
citoyens, qui, en cas de désaccord de ces deux Assemblées,
serait chargé par elles, de les départager, sans qu'aucune
des deux fût fondée à s'en plaindre.

Je ne croirais pas devoir borner à cette charge accidentelle
le rôle du représentant de la France républicaine. Il serait
nécessaire, selon moi, de lui laisser, à ses risques et périls
d'ailleurs, pleine liberté de prendre ses ministres où il voudrait,
quand il le jugerait utile, un à un séparément, ou tous
ensemble, comme il le jugerait à propos et, par ses ministres,
tout le personnel de l'administration. De cette manière le sort
du gouvernement ne serait plus exposé à dépendre d'une pro-
position inopinée, d'un vote inconsidéré et l'on soustrairait le
ministère en bloc et chacun des ministres en particulier, au
joug humiliant soit de quelque personnalité influente, soit
d'une minorité capable de disposer de la majorité, en se portant
d'un côté ou de l'autre. A cet égard, la responsabilité ministé-
rielle tant vantée, mais dont on abuse étrangement, donne
une trop forte prise aux intrigues, aux sollicitations intéres-
sées, et l'instabilité qui en résulte est trop préjudiciable à la
paix intérieure et à la considération du dehors, pour mériter
d'être maintenue, malgré la longue habitude qu'on en a, sous
des régimes fort différents, d'ailleurs, du régime républicain.

La différence consiste en ce que, sous une monarchie
quelque mitigée qu'elle soit, le Roi peut être considéré comme
le représentant naturel de la partie du corps électoral qui
n'a pas d'autres représentants officiels, ce qui, joint au titre
héréditaire, donne au pouvoir monarchique une force de résistance très utile comme frein, force qui fait complètement dé-

faut aux ministères républicains, sous le régime de la constitution existante. C'est cette force de résistance dont il faudrait doter la République, sans en faire un point fixe qu'on ne puisse pas faire disparaître, au besoin, sans tout démolir.

Je pense donc que malgré les difficultés et le danger qui pourraient naître d'une revision de la Constitution, nous devrons nous résigner à tenter cette grave opération, avant d'avoir à célébrer le premier centenaire de 1789, afin d'augmenter les attributions du Président de la République, tout en substituant sa responsabilité personnelle à celle d'un ministère solidaire. On lui retirerait d'ailleurs le droit de dissolution.

Si cette réforme n'était pas faite en temps opportun, il y irait, je le crains, de la considération de la France, peut-être même de l'existence de la République.

Il est entendu que comme contrepoids des différentes prérogatives qui devraient être conférées, selon moi, au représentant des deux Chambres, afin de donner au gouvernement plus d'unité, plus de suite et plus de respectabilité, il serait nécessaire qu'en cas d'abus, d'excès de pouvoir, le président de la République pût être révoqué. Nommé par le congrès des deux Chambres, c'est envers elle qu'il serait naturellement responsable, c'est par elles, par conséquent, qu'il serait révocable en cas de besoin. Seulement, dans l'intérêt de la sécurité publique et de la stabilité du gouvernement, — côtés faibles des gouvernements républicains — il serait bon que la révocation ne fût possible qu'en cas de nécessité évidente et d'urgence. On aurait chance de ne pas sortir de ce programme en exigeant pour la révocation une majorité des deux tiers des voix du congrès, tandis que la majorité simple serait déclarée suffisante pour la nomination.

Je tiens pour certain que la prospérité et l'honneur d'un pays dépendent beaucoup plus de la sagesse et du patriotisme des citoyens, que des dispositions plus ou moins prévoyantes de la Constitution qui le régit. Néanmoins, j'espère que, dans un temps où la sagesse et le patriotisme semblent faire défaut également chez les différents partis qui se disputent la possession de notre pauvre France; lorsque, à en croire les trop nombreux médecins qui lui offrent leurs services, le seul de ses

maux sur lequel ils ne sont pas en désaccord, serait le besoin
de reviser la Constitution, sauf, d'ailleurs, à rester divisés et
inconciliables sur ce qui concerne la dose du remède et la
phase de la lune qui conviendraient le mieux à son application ;
j'espère, dis-je, que, eu égard à une situation pareille, on me
pardonnera d'oser opposer, aux républicains radicaux, collectivistes ou anarchistes, qui voudraient affaiblir encore l'autorité
des pouvoirs publics, l'humble avis d'un républicain non moins
ami qu'eux tous de tout progrès réalisable. Cette opinion bien
arrêtée dans son esprit, parce que tout ce qui se passe depuis
plusieurs années semble la confirmer de plus en plus, est qu'il
importe au contraire d'augmenter l'autorité et du suffrage
universel et des deux Chambres et du président de la République. Il est convaincu que loin de souffrir de ces différentes
réformes, la liberté de tous y gagnerait beaucoup.

Résumons les *desiderata* qu'il s'agirait de réaliser pour
asseoir plus solidement en France le régime républicain.

En supposant qu'on ne doive plus penser désormais à voir
le nom de Dieu admis en tête de la constitution, comme les
républicains de 1848 l'avaient fait à l'unanimité, sans croire
avoir porté la moindre atteinte à la liberté de conscience, on
peut, j'imagine, sans être ni légitimiste, ni clérical, demander
que les enfants des écoles obligatoires de l'État ne soient pas
exposés à ignorer que Dieu existe et qu'il est le père de la
liberté humaine, la source de toute bonne inspiration, l'appui
le plus sûr de toute bonne action, la garantie infaillible de toute
satisfaction durable.

On m'accordera également qu'il est permis à un ami sincère
du suffrage universel d'estimer rationnel et juste que l'exercice
du droit électoral soit réglementé de manière à rendre le
suffrage réellement universel, en assurant la représentation
de tous dans les assemblées délibérantes. Cette réforme
exige d'abord qu'on répare l'oubli de la famille, dont les
différents auteurs des lois sur la matière se sont rendus coupables, ensuite qu'on laisse aux hommes modérés de tous les
partis la faculté de se faire, dans les Conseils municipaux et
au Parlement, la place à laquelle ils ont droit par leur nombre,
indépendamment de toute autre considération.

Après avoir remis en honneur la croyance en Dieu, après avoir eu égard à la famille, dans la constitution du suffrage universel, après avoir fait le nécessaire pour ramener les hommes modérés de tous les partis, au scrutin d'abord et par là, au sein des assemblées délibérantes, de manière à faire du suffrage universel une vérité, et légitimer ainsi sa souveraineté; si on réussit à créer par cette adjonction d'une nouvelle couche d'électeurs, un contrepoids aux intransigeances de droite et de gauche, tout en donnant plus de fixité à la machine parlementaire; si, en même temps les causes de conflit entre les deux Chambres se trouvent supprimées par la création d'un centre de gravité dans un système qui en est dépourvu, comme il a été dit plus haut; et cela tout en imprimant au pouvoir exécutif plus d'initiative et plus d'autorité, il semble qu'on aura fait à peu près tout ce qui est humainement possible pour consolider la République, sans lui rien ôter de l'avantage incontestable qu'elle a, aujourd'hui, sur tous les régimes monarchiques connus, de s'adapter infiniment mieux aux nécessités démocratiques des temps modernes, qui deviennent plus impérieuses, plus menaçantes de jour en jour.

Au moyen de ces différentes réformes, qui ne seraient, à mon sens, que la consécration des enseignements acquis à notre génération par un siècle de dure expérience, notre pays pourrait peut-être se promettre de ne plus entendre bientôt regretter par personne, ni l'ancienne monarchie du bien intentionné Louis XVI, ni l'empire despotique du grand Napoléon, ni la restauration du roi de France par la grâce de Dieu et des alliés Louis XVIII, ni l'aveugle Charles X, ni le pacifique Louis-Philippe élu roi des Français par 221 députés sans mandat, ni enfin les coups de théâtre du dernier Napoléon, que le suffrage universel, fatigué des prétentions inconciliables et de l'impuissance de ses élus, avait accepté si facilement comme empereur.

Alors, peut-être viendrait un jour où les républicains modérés, si peu en faveur aujourd'hui, seraient fondés à dire aux royalistes, aux bonapartistes, aux cléricaux et aux républicains de toutes nuances, sans être accusés de rêverie :

« La République est seule capable d'assurer le concours de tous à la prospérité et à l'honneur de la Patrie. »

Cette vérité se réalisera, n'en doutons pas, quand la République sera devenue le gouvernement de tous par tous, au profit de tous et alors la France nouvelle sera en mesure de n'avoir plus rien à envier à la France ancienne.

## L'ÉTAT

L'État existe pour être le représentant, l'agent de la Patrie. Il a pour mission de faire, dans l'intérêt commun, tout ce qui, étant nécessaire au bien public, reste néanmoins hors de la portée des différents membres de la Patrie, savoir — pour la France — les citoyens, les familles, les communes et les départements.

Le premier devoir de l'État est donc de s'employer, par tous les moyens dont il dispose, à susciter et à développer l'initiative des citoyens et des différents groupes constituant l'organisation du pays, de manière à faire concourir la liberté, les soins et les efforts de tous à l'amélioration matérielle et morale de tous; car tous, du haut en bas de l'échelle sociale, ont et auront toujours des progrès à faire en tout sens, tant est vaste le champ des progrès préparé par Dieu à l'humanité.

Tant que le citoyen, la famille, la commune, le département accomplissent régulièrement, pour le bien public, tout ce qui dépend d'eux, l'État n'a à s'occuper que du reste, tâche considérable d'ailleurs.

Il faut qu'il veille à ce que tous trouvent partout où ils portent leur activité, protection pour leur liberté, justice impartiale et aide, au besoin, mais seulement pour ce qui touche aux intérêts généraux du pays. Il faut que la sécurité et l'honneur de la patrie soient fermement maintenus à l'abri de toute atteinte. Il faut qu'ayant l'œil sans cesse ouvert sur ce qui se fait de bien dans le monde entier, l'État tienne à ne jamais rester en arrière de l'étranger à cet égard. L'émulation pour le bien que l'État a pour premier devoir de provoquer et d'encourager à l'intérieur, il doit la ressentir pour ce qui concerne l'extérieur, de manière à ne jamais rester au-dessous du rôle qu'il a à remplir de ce côté, dans l'existence nationale.

Louis XIV disait : l'État c'est moi; parole orgueilleuse

qui, peu louable au point de vue chrétien, était vraie de son temps et même légitime au point de vue patriotique, car, au XVIIᵉ siècle, le roi représentait seul la patrie et un républicain patriote ne doit pas craindre de reconnaître que Louis XIV l'a représentée, pendant cinquante ans, de manière à faire honneur au nom français dans le monde entier.

Ce brillant type de la royauté absolue avait la prétention de représenter non seulement la patrie française, mais Dieu lui-même. Je ne puis guère lui reprocher trop cette prétention, osant moi-même croire que tout homme — roi, gentilhomme, prêtre, bourgeois, paysan, patron, ouvrier — est créé pour remplir, sur la terre, cette noble mission, chacun suivant sa capacité, ses forces et sa situation, avec des obligations d'autant plus grandes qu'il peut davantage : néanmoins, je suis loin de vouloir recommander à nos hommes d'État de prendre, en cela, le Roi-soleil pour modèle. Il est évident que si Louis XIV représentait Dieu, c'était plutôt à la manière des rois juifs de l'Ancien Testament, David et Salomon, qu'à la manière de ce représentant de Dieu, bien autrement respectable, qui a été supplicié au Golgotha sous le nom de Roi des juifs.

Dans nos temps démocratiques ce modèle-là serait meilleur à imiter que l'autre, si faire se pouvait.

Je pense donc que, dans un État républicain, auquel les circonstances imposent l'obligation de relever la France dans l'estime du monde, il importe que tout le personnel ait une autre morale que celle de Louis XIV, qu'il se considère comme plus sévèrement tenu que les simples particuliers à donner de bons exemples, qu'il ne se contente même pas de cette morale, dite civique, qu'il est question d'enseigner aux enfants dans les écoles obligatoires de l'État, sans leur parler ni de Dieu, ni de Jésus-Christ, morale beaucoup trop élastique, semble-t-il, à en juger d'après ce qu'on dit des habitudes de quelques-uns de ceux qui la préconisent.

Au milieu d'une nation profondément divisée d'opinions, de religions et même de mœurs, sous l'œil d'une démocratie de plus en plus ombrageuse, avec une liberté de la presse qui ne souffrira plus de limites désormais, si les hommes placés à la tête de l'État veulent conserver la confiance nécessaire au respect de leur autorité, il ne suffira bientôt plus qu'aucun doute ne puisse planer sur leur capacité et sur leur dévouement, il faudra qu'en outre on les sache parfaitement désintéressés et plus enclins à l'irréprochable correction des mœurs de saint Louis et à la tolérance éclairée et active du Chancelier de l'Hôpital qu'aux mœurs orientales de Louis XIV et aux prétentions sectaires de cet autre soi-disant représentant de Dieu, le jacobin-noir Philippe II d'Espagne.

La doctrine de l'Etat ancien : *un roi, une loi, une foi* n'est plus de mise en France. Il ne faut pas cependant qu'on prétende remplacer cette formule d'ancien régime par quelque chose comme *un seul souverain : le peuple qui nous élit; une seule loi : celle d'une convention formée de nos amis; une seule foi : notre manière de comprendre la République*. Ce qu'il faut, aujourd'hui, pour rallier les partis autour du gouvernement républicain et rendre à notre patrie son prestige des meilleurs temps, c'est un État tout à tous, une loi libérale à l'égard de tous et loyalement exécutée, enfin une foi religieuse, élevée et sincère, quel que soit son nom, inculquée de bonne heure aux générations futures par les familles, sans être entravée par l'État.

En attendant que cet idéal de l'État républicain se réalise, aidons tous à son avènement — Nous autres républicains modérés — en prouvant, en toutes circonstances, que la République à laquelle nous aspirons est le gouvernement de tous par tous au profit de tous et que nous ne demanderions pas mieux que de pouvoir dire, un jour, avec la *Ligue des patriotes* : « Légitimistes, Orléanismes, Bonapartistes, Républicains, ce ne sont là, chez nous, que des prénoms, c'est Patriote qui est le nom de famille. »

## LA LOI

La loi est l'expression officielle de l'autorité souveraine.

En dépit des aspirations irréfléchies des anarchistes, nous vivons, et l'homme vivra toujours, sous le joug d'autorités

souveraines auxquelles il sera nécessaire ou sage de se soumettre de bonne grâce, ne serait-ce qu'à cette autorité, souveraine entre toutes, qu'on s'accorde à appeler la Nature, et
que les esprits religieux appellent Dieu.

Il y a ensuite la loi divine, qui est quelque chose de plus
que ce que les philosophes, les positivistes et les matérialistes
prêtent à leur Nature; j'ai essayé de formuler les traits
généraux de cette loi, tels que je la conçois, par rapport à
l'humanité, dans les principes exprimés au début et plusieurs
fois répétés au cours du présent ouvrage.

Il y a encore la loi religieuse, qu'il est permis de considérer
comme n'étant point partout et toujours la pure loi divine.

Il y a la loi proprement dite, et, au premier rang, la loi
fondamentale de l'État, qui ne comporte pas moins de variations que la loi religieuse, en raison de l'intervention inévi-
table des hommes dans son établissement et sa rédaction.

Puis les lois *civiles*, créations purement humaines, locales
même et en nombre infini; toutes empreintes de la variété et
de la mobilité des besoins, des passions, des idées propres
aux différents peuples et aux différentes époques de leur
histoire. C'est de ces lois que Pascal a pu dire : « Vérité en deçà
de la frontière, erreur au delà. »

Il y a enfin une dernière autorité dont on parle moins que
des précédentes, bien qu'elle mérite d'occuper la première
place dans le culte de toute famille honnête, de tout bon
citoyen, de tout patriote soucieux du bon renom de son pays;
c'est l'autorité que nous devrions exercer spontanément sur
nous-mêmes. Tout homme, sain d'esprit et de corps, est
capable d'obéir à la loi de cette autorité, la plus respectable
de toutes, celle pourtant avec laquelle on en prend le plus à
son aise, parce que c'est la seule qui nous laisse libre de ne
pas en tenir compte; et cela par suite de la volonté formelle
du Créateur. En effet il ne faut jamais l'oublier, voulant
nous faire digne de lui, Dieu nous a donné, avec la faculté
de discerner le bien du mal, la liberté de choisir entre les
deux, à nos risques et périls. C'est Moïse, le plus ferme et le
plus désintéressé des législateurs, le plus grand des patriotes
qui l'a dit; il ne l'aurait pas dit que, ce n'en serait pas moins

vrai, car la conscience le crie, en dépit de ces savants qui feraient volontiers de l'homme une machine irresponsable, sans se douter qu'ils l'avilissent.

Or, s'il n'est pas permis à tout le monde de se flatter d'être ce que Corneille fait dire à Auguste :

« Je suis maître de moi comme de l'Univers. »

Il est permis à tout homme digne de ce nom — au moindre ouvrier aussi bien qu'au ministre le plus populaire — il est permis à chacun de nous de s'imposer comme loi: 1º « de ne rien faire de ce qu'il croirait n'être pas bien ; 2º de faire le mieux qu'il peut et de bonne grâce tout ce qu'il doit faire ». C'est la loi de Dieu. Avec la loi de Jésus-Christ : « Aimer Dieu de toute son âme et son prochain comme soi-même », je crois que c'est toute la morale religieuse.

Qu'on y joigne, comme précepte de morale civile, le travail et l'économie, père et mère du capital qui est l'unique fondement de tout progrès matériel, et l'on aura, je crois, la Charte complète de toute existence honorable.

Un homme, une femme, un enfant qui, dans n'importe quelle situation, s'accoutument à obéir consciencieusement à la loi privée que je viens de formuler, peuvent se flatter d'être leurs maîtres: ceux qui la méconnaissent sont esclaves d'abord de leur corps, ensuite des parlements, des ministres, des préfets, des sous-préfets, des commissaires, des gendarmes, des gardes-champêtres et des juges, qui font et exécutent les lois purement humaines.

A moins de vivre seul dans une île du Congo on ne peut être libre qu'au moyen des lois; or de toutes les lois, celles que nous nous imposons à nous-mêmes sont celles qui assurent le mieux et notre liberté et notre satisfaction.

Que les lois humaines ne soient pas toujours justes, équitables, rationnelles, sensées, qui pourrait s'en étonner, puisque la bête humaine qui est en nous tous, ne perdant jamais ses droits, il est impossible que sa trace n'apparaisse pas dans nos œuvres les plus dignes d'intérêt.

Néanmoins, sous un régime où la loi serait l'œuvre de la majorité des représentants de l'universalité des citoyens, ce serait de l'outrecuidance, un orgueil coupable, de prétendre être plus raisonnable, plus juste à soi seul que tout le monde : que parfois il puisse y avoir doute à cet égard dans l'esprit de plus d'un, c'est naturel et pas toujours sans raison ; mais « dans le doute abstiens-toi, » dit la sagesse des nations. Il est donc sage de se soumettre sans hésitation à la loi de son pays, tant qu'ayant été régulièrement faite elle reste en vigueur. S'insurger contre elle est mériter d'être puni, parce que c'est prétendre s'arroger le droit de sacrifier la sécurité publique à son jugement personnel ; c'est se faire juge dans sa propre cause, chose déraisonnable, inadmissible, intolérable.

On est trop enclin, en France, à enfreindre, avec ostentation, les lois et mesures d'ordre existantes, ou encore à se faire justice soi-même, ou même à mépriser assez la vie d'autrui et la sienne propre pour les détruire avec préméditation sous l'influence de concupiscence, de convoitises ou de simples mécomptes, toutes causes purement personnelles.

Les juges, de leur côté, sont trop faciles à l'indulgence pour peu que la politique ou la sentimentalité interviennent, prêtant, à des avocats habiles, des arguments en faveur de violations de la loi graves et indéniables.

Que la punition soit proportionnée à la culpabilité, rien de plus naturel et de plus juste ; qu'on ait égard aux circonstances atténuantes, on le doit : mais innocenter complètement une faute ou un crime qualifié tel par la loi, c'est, à mon sens, s'en rendre complice et préparer de nouvelles fautes, de nouveaux crimes ; c'est entretenir le désordre matériel et moral qui démoralise la population et déconsidère la France.

La sécurité, la liberté de tous exige la soumission de tous aux lois du pays, quelles qu'elles soient, aussi bien la soumission des citoyens que celle des juges.

Socrate a donné, à cet égard, un exemple sublime, qui a été glorifié par Jean-Jacques-Rousseau, à juste titre.

Je n'ai garde de penser que toute loi est juste et respectable par cela seul qu'elle a été régulièrement établie, ni que toute condamnation soit méritée et louable par cela seul qu'elle a été régulièrement prononcée, je soutiens seulement que toute loi existante a droit à la soumission de tout citoyen qui ne veut pas être traité en insurgé, et j'ajoute que sous le

régime d'un suffrage universel réel, complet et loyalement
pratiqué, le pouvoir exécutif serait fondé à traiter en insurgé
quiconque refuserait de se soumettre à une loi quelconque,
tant qu'elle existe.

C'est au prix de la soumission de tous aux lois du pays que
la liberté de tous peut être assurée, en temps de République
plus encore peut-être que sous un régime monarchique.

Il y a eu un temps où l'opinion consacrait, parmi les lois
républicaines, le droit à l'insurrection comme le plus sacré
des devoirs, en cas de violation de ce qu'on appelait *les droits
de l'homme*. Bien que le présent écrit ait été entrepris pour
appeler l'attention des patriotes, amis d'une République
libérale et progressive, sur les devoirs des hommes — devoirs
qu'ils me semblent oublier trop souvent — beaucoup plus
que sur leurs droits — qu'ils sont portés à ne jamais
estimer satisfaits — je n'hésite pas à faire mention du droit à
l'insurrection pour le condamner, comme indigne de figurer
parmi les lois d'une république digne de ce nom.

Le droit à l'insurrection est, à mon sens, très proche
parent du droit à l'invasion, qui a été caractérisé par un mot
inoubliable de tout Français témoin des calamités de l'année
terrible : « La force prime le droit. »

Pour moi, ces mots-là expriment une idée sauvage, bestiale,
qui ne me revient jamais à l'esprit sans me faire horreur et
comme c'est l'Ange surtout que je voudrais voir prendre le
dessus chez tout Français, pour l'aider à relever la France,
j'écarte sans m'y arrêter tout ce qui sent la bête, même
dans ses inclinations les plus légitimes. Donc, sans renier
toute insurrection, je regarde comme préférable, comme plus
digne et surtout comme plus sûr, de ne jamais se lasser
d'user de tous les moyens légaux pour réclamer et susciter
le concours de tous, à l'amélioration des lois existantes, afin
d'en tirer pacifiquement tous ceux des progrès réalisables
qui seront successivement possibles.

Qui compte sur la force la voit souvent tourner contre
soi; d'ailleurs, même quand elle réussit, ce que la force fonde
est rarement durable.

Désirant passionnément que la République dure, je crois

que c'est sur l'idéal à la fois de la durée, de la liberté et de la justice, c'est-à-dire, sur Dieu, qu'il faut toujours l'appuyer. Le reste viendrait par surcroît.

Que la loi suprême pour nous tous, que notre dernier vœu pour la République française soient donc Dieu et Patrie !

## POST-SCRIPTUM

M. Léon Say, le très habile ancien ministre des Finances de la République, terminait, par les mots suivants, son dernier écrit : *La politique financière de la France* : « On dira peut-être qu'il faut être optimiste pour croire que les idées que nous venons d'exprimer triompheront aisément des préjugés dont le pays a tant à souffrir. Mais l'avenir appartient aux optimistes, c'est-à-dire à ceux qui croient à l'efficacité de leur politique. »

Je n'ai garde de prétendre avoir le droit d'accorder à mes idées la même confiance que M. Léon Say a dans le mérite des siennes ; je tiens même pour certain que, pour le commun des martyrs auquel j'appartiens, il ne suffit nullement d'avoir foi dans l'efficacité de ses idées pour qu'elles se réalisent.

Néanmoins croyant en Dieu et aimant à supposer que, tout en nous créant libres, la Providence ne nous a pas abandonnés complètement à nos instincts de bêtes ou féroces, ou peureuses—toutes également égoïstes—j'ai confiance que l'avenir appartient aux plus sages. C'est pourquoi je reste convaincu que, dans un temps où tout arrive, il arrivera, plus ou moins prochainement, que la France, fatiguée de divisions impies, d'agitations stériles et de vaines déclamations, se réveillera un jour prise du désir de redevenir unie et forte en se faisant sage à l'intérieur et en conquérant, par sa sagesse, la considération du dehors.

Ce jour-là, je l'espère, quelqu'un de plus autorisé que moi pourra appeler l'attention de ses concitoyens sur quelques-unes au moins des idées contenues dans le présent *Avant-projet d'un Manuel de morale et de politique à faire*, sans être traité par les uns d'optimiste et par les autres, en plus grand nombre, de clérical, d'orléaniste, de faux républicain, de mauvais citoyen, de vil bourgeois, suivant la couleur du journal qui daignerait s'en occuper.

Pour ce qui me concerne, sans m'attendre à l'honneur d'occuper la presse un seul jour, je tiens à déclarer aux quelques personnes qui prendront la peine de lire cet opuscule, que je ne suis rien de tout cela : seulement, de même que je reste fidèle à la République malgré les sottises, les erreurs, les sauvageries qui se commettent en son nom, je reste respectueux des idées religieuses malgré les imprudences, les erreurs et les fautes de quelques-uns de ceux qui les représentent. En un mot je suis républicain français, grand ami de tous les progrès réalisables, sans être jacobin de 93 en 1883, et encore moins nihiliste ; admettant d'ailleurs qu'on pourrait être athée, jacobin et même nihiliste, sans cesser de mériter quelque considération à certains égards.

FIN

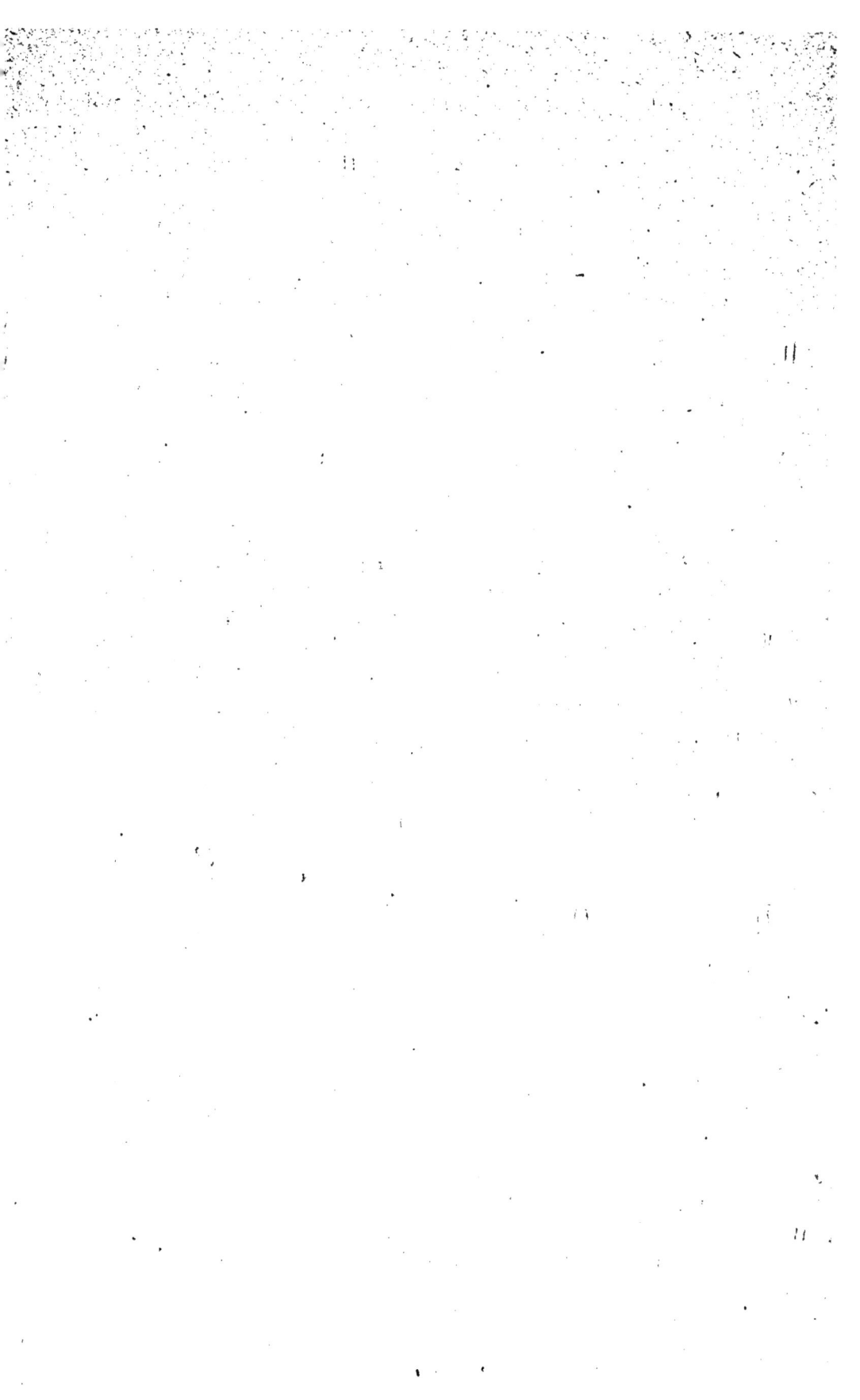

# TABLE DES MATIÈRES

---

## PREMIÈRE PARTIE : AVANT-PROPOS

## DEUXIÈME PARTIE : ESQUISSE DU MANUEL

FIN DE LA TABLE DES MATIÈRES

PARIS. — IMPRIMERIE CHARLES BLOT, RUE BLEUE, 7.

IMPRIMERIE BREVETÉE CHARLES BLO

7, RUE BLEUE, 7

www.ingramcontent.com/pod-product-compliance
Lightning Source LLC
Chambersburg PA
CBHW070305290326
41930CB00040B/2152